Stefanie Kubosch/Julia Kleine/Annette Eicker

Gekündigt – was tun?

Stefanie Kubosch · Julia Kleine · Annette Eicker

Gekündigt – was tun?

Von Abfindung bis Zeugnis:
Ihre Rechte – Ihre Chancen

Wie Sie wieder Mut fassen und
beruflich neu durchstarten

Bibliografische Information der Deutschen Nationalbibliothek
Die Deutsche Nationalbibliothek verzeichnet diese Publikation in der Deutschen
Nationalbibliografie; detaillierte bibliografische Daten sind im Internet über
http://dnb.d-nb.de abrufbar.

ISBN 978-3-7093-0337-5

Es wird darauf verwiesen, dass alle Angaben in diesem Buch trotz sorgfältiger
Bearbeitung ohne Gewähr erfolgen und eine Haftung der Autorinnen oder des Verlags
ausgeschlossen ist.

Umschlag: *stern* und buero8
Satz: Hannes Strobl, Satz·Grafik·Design, 2620 Neunkirchen
© LINDE VERLAG WIEN Ges.m.b.H., Wien 2011
1210 Wien, Scheydgasse 24, Tel.: +43/1/24 630
www.lindeverlag.de
www.lindeverlag.at

Druck: Hans Jentzsch & Co. GmbH., 1210 Wien, Scheydgasse 31

Inhalt

Vorwort 9

Kapitel 1: Droht die Katastrophe – oder ist sie schon da? 11
Alarmsignale: Wie Sie erkennen, dass Ihr Stuhl
wackelt 12
Mobbing – Schikane mit System 14
Nicht eiskalt erwischen lassen: Handeln Sie
proaktiv! 18

Kapitel 2: Der Schock: … und raus bist du! 22

Kapitel 3: Raus aus dem Gefühlschaos 25
So verarbeiten Sie Wut und Enttäuschung 26
Fangen Sie an, nach vorne zu schauen 32

Kapitel 4: Ihre To-dos für die Trennungsphase 39
Drei Tage – arbeitsuchend melden 40
Drei Wochen – Kündigungsschutzklage 42
Klagen oder nicht klagen? – Das ist jetzt die Frage 43
Checkliste Fristen 46
Checkliste Kündigungsschutzklage 47
Checkliste Unterlagen für den Anwalt 48

Kapitel 5: Wie schnell sind Sie weg? – Kündigungsfristen 49
Kündigungsfrist des Arbeitnehmers 49
Kündigungsfristen des Arbeitgebers 51
Freistellung: „Sie können Ihren Schreibtisch
räumen!" 52
Resturlaub: Verschenken Sie nichts! 53

Kapitel 6: Ist Ihre Kündigung überhaupt gültig? 56
            Papier mit echter Unterschrift. 56
            Wer hat die Kündigung unterschrieben?. 59
            Wann haben Sie die Kündigung erhalten? 60

Kapitel 7: Genießen Sie Kündigungsschutz?. 64
            Kündigungsschutz für besondere Beschäftigte. . . . 64
            Allgemeiner Kündigungsschutz 69
            Anhörung des Betriebsrats 71

Kapitel 8: Warum sind Sie überhaupt gefeuert worden?
            – Kündigungsgründe 73
            Betriebsbedingt: Dem Laden geht es schlecht 74
            Personenbedingt: eine bittere Pille 77
            Verhaltensbedingt: Was haben Sie ausgefressen?. . 80
            Änderungskündigung: weiter mit neuen Spielregeln 86
            Weitere Kündigungsgründe. 87

Kapitel 9: Der Aufhebungsvertrag 89
            Vor- und Nachteile des Aufhebungsvertrags. 90
            Was enthält ein Aufhebungsvertrag? 91
            Die Konsequenzen 93

Kapitel 10: Goldener Handschlag – Die Abfindung 98
            Wie viel steht Ihnen zu? 99
            Sonderfall: die betriebsbedingte Kündigung 100
            Abfindung nach Tarifvertrag oder Sozialplan. 100
            Wie ist das mit der Steuer? 101

Kapitel 11: Klagen oder nicht klagen? 102
            Welche Kosten kommen auf Sie zu? 105

Kapitel 12: So schreiben Sie Ihre Kündigungsschutzklage. 112

Kapitel 13: Keine Angst vor dem Prozess 116

Kapitel 14: „Alles Gute für die Zukunft" – Das Arbeitszeugnis . . 123
        Was muss ein Arbeitszeugnis enthalten? 125
        Die Form: Ein Zeugnis muss was hermachen 126
        Die Bewertung: Eine „Drei" muss es
        mindestens sein 127
        Zeugnissprache: der Code für Kenner 128

Kapitel 15: Welche rechtlichen Folgen hat die Kündigung? 132

Kapitel 16: Karrierebremse Wettbewerbsverbot? 134

Kapitel 17: Auf ins neue Leben – Die Jobsuche 136

Stichwortverzeichnis 146

Weitere Titel 148

Mehr Service auf stern.de

Linkliste
Die besten Anlaufstellen für Arbeitslose im Netz

Sperrzeiten, Meldefristen, Jobsuche
Wie Sie Streit mit der Arbeitsagentur vermeiden

Zeugnissprache
Wir entschlüsseln die Codes

Dies und mehr unter: www.stern.de/gekündigt

Vorwort

Politisch klingt das so reformerisch: Deutschland braucht mehr Flexibilität am Arbeitsmarkt. Für den Einzelnen wird diese Forderung jedoch schnell bedrohlich. Denn „mehr Flexibilität" bedeutet: geringerer Kündigungsschutz. Treffen kann es jeden. Es ist deshalb egal, ob Sie schon die Kündigung in Händen halten oder die Einschläge lediglich näher kommen: Der *stern*-Ratgeber „Gekündigt – was tun?" hilft konkret, wenn es soweit ist, und eignet sich zur Vorbereitung, um gewappnet zu sein für den Fall der Fälle.

Das Buch aus der erfolgreichen *stern*-Ratgeber-Reihe begleitet Sie durch den gesamten Verlauf einer Kündigung, von der ersten Abmahnung über die Kündigung selbst und ihre Formalitäten bis zur Klage. Es werden alle Fristen beschrieben, die Sie beachten müssen, und Vor- und Nachteile eines Aufhebungsvertrags gegenübergestellt. Formulierungshilfen für eine Kündigungsschutzklage ergänzen den Ratgeber.

Dieses Buch bereitet Sie auch auf den emotionalen Ausnahmezustand vor, der droht, wenn Sie mit Ihrer Kündigung konfrontiert werden. Die Autorinnen geben konkrete Tipps, wie Sie wieder Ruhe finden, mit Bedacht entscheiden und wie Sie mit ein paar einfachen Tricks neuen Mut schöpfen.

Mut werden Sie brauchen!

Frank Thomsen

Chefredakteur *stern*.de

KAPITEL 1

Droht die Katastrophe – oder ist sie schon da?

Wir nehmen an, Sie wollen sich mit dem ernsten Thema Kündigung nicht als unterhaltsame Bettlektüre beschäftigen, sondern weil die Situation Sie dazu zwingt: Sie machen sich Sorgen um Ihren Arbeitsplatz? Die Geschäfte laufen schlecht, es wird kurzgearbeitet, einige Ihrer Kollegen mussten schon ihren Schreibtisch räumen? Vielleicht lässt Ihr Vorgesetzter nichts Konkretes raus, aber Sie spüren trotzdem: Es liegt Unheil in der Luft. Und Sie fürchten, dass es Ihnen schon bald an den Kragen gehen könnte.

Mit diesem Buch möchten wir Ihnen dabei helfen, nicht unvorbereitet in die drohende Misere zu schlittern. Wir wollen Sie dabei unterstützen, sich mental, seelisch, körperlich und arbeitsrechtlich auf das vorzubereiten, was in den nächsten Wochen und Monaten vor Ihnen liegen könnte. Wir wollen, dass Sie dann nicht mutlos werden, dass Sie bereit sind, schnell handeln können und wissen, was als nächstes zu tun ist. Wir wollen, dass ein Arbeitgeberwechsel für Sie eine Chance wird und keine Krise!

Krise als Chance

Oder hat es Sie bereits erwischt? Haben Sie das Kündigungsschreiben schon vor sich liegen? Dann haben Sie vielleicht jetzt gerade das Gefühl, dass Ihre Zukunft in Scherben liegt. Sie sind aufgewühlt, verzweifelt, mutlos, wütend, traurig – alles zugleich. Dieses Gefühlschaos ist nur zu verständlich und völlig normal. Wir kennen das selbst und haben mit vielen gesprochen, die es durchlebt haben. Aber aus dieser Erfahrung wissen wir auch: Sie müssen da schnellstens wieder raus, müssen jetzt zügig wieder zu innerer Ruhe zurückfinden, damit Sie sich aktiv und besonnen um Ihre Zukunft kümmern können. Vor allem dürfen Sie jetzt keine Fehler machen, die Sie später bereuen werden!

Ärger und Trauer verarbeiten

Bei all dem, was Sie jetzt durchleben und entscheiden müssen, wollen wir Sie unterstützen. Wir zeigen Ihnen, wie Sie es schaffen, Ärger und Trauer zu verarbeiten, damit Sie sich mit Optimismus und Elan schnellstens wieder daran machen können, eine neue Etappe Ihres Lebens in Angriff zu nehmen. Aber auch bei allen juristischen Fragen, die jetzt auf Sie einstürmen, wollen wir mit Ihnen Ihre Möglichkeiten ausloten und Sie bei allen Schritten begleiten, die Sie jetzt gehen müssen. Haben Sie keine Sorge, Sie schaffen das!

Alarmsignale: Wie Sie erkennen, dass Ihr Stuhl wackelt

Warnzeichen

In der Regel kommt eine Kündigung nicht aus heiterem Himmel. Es gibt Warnzeichen, die Sie nicht überhören sollten, und es gibt Maßnahmen, die Sie ergreifen können, sobald Ihnen Übles schwant.

Kritik und Kontrolle – Im Visier des Chefs

Sie haben den Eindruck, Ihrem Chef schon lange nichts mehr recht machen zu können? Ihre Arbeit wird häufiger als die Ihrer Kollegen kontrolliert und Sie werden wegen Kleinigkeiten zur Rede gestellt? Dann hat Ihr Chef Sie möglicherweise auf dem Kieker und wartet nur darauf, dass Sie einen Fehler machen und er Sie abmahnen kann.

Kündigungsgefahr: mittel

Abmahnung – Der Schuss vor den Bug

Eine Abmahnung ist ein sehr ernster Rüffel und Voraussetzung für eine fristlose Kündigung. Wenn Sie die bekommen, hat Ihnen Ihr Chef bereits die gelbe Karte gezeigt und wird Sie weiterhin argwöhnisch beobachten oder sogar aktiv nach weiteren Fehlern suchen, die Sie machen.

Gelbe Karte

Achtung, Kündigungsgefahr: hoch!

Sparkurs im Unternehmen – Selters statt Sekt

Wenn Unternehmen sparen müssen, fängt es meist mit Kleinigkeiten an. Etwa damit, dass bei Management-Meetings die Kekse gestrichen werden. Oder es wird die Parole ausgegeben, dass bei Reisen grundsätzlich nur noch zweiter Klasse gebucht werden darf. Dann kommt Phase zwei, in der Dienstwagenregelungen des Managements geändert werden und in der Produktion längere Zeit Maschinen stillstehen. Möglicherweise werden nun auch Zeitarbeitskräfte nach Hause geschickt, Abstriche gemacht bei Weihnachts- und Urlaubsgeld, Sonderzulagen und Vergünstigungen abgebaut und Arbeitsverträge nur noch befristet abgeschlossen.

Einsparungen

Kürzungen

Wenn Ihr Unternehmen mit solchen Maßnahmen anfängt, den Gürtel enger zu schnallen, dann ist das ein untrügliches Zeichen dafür, dass das Controlling Alarm geschlagen hat, weil die Zahlen ziemlich schlecht aussehen. Wer Budgetverantwortung trägt, wird jetzt Kürzungen hinnehmen müssen, wahrnehmen, dass die Aufgaben und die Leistung einzelner Mitarbeiter genauestens eruiert werden und die Frage im Raum steht: „Brauchen wir den Kollegen Meier wirklich?"

Alarmstufe rot

Wenn dann Unternehmensberater ins Haus kommen und den Laden auf links krempeln, Kurzarbeit eingeführt wird, mit ersten Mitarbeitern Vorruhestandsvereinbarungen getroffen werden, keine Nachwuchskräfte mehr eingestellt werden und nicht mal mehr Praktikanten ins Haus kommen, dann ist Warnstufe drei erreicht. Jetzt gilt zweifellos:

Kündigungsgefahr: hoch!

Mobbing – Schikane mit System

Gerüchte werden gestreut, Informationen unterdrückt, Unterlagen verschwinden auf unerklärliche Weise und wenn Sie den Raum betreten, verstummt die Unterhaltung: Mobbende Kollegen verwandeln den Arbeitstag ihres Opfers in die Hölle auf Erden. Jeden neunten Arbeitnehmer soll es nach Erhebungen schon einmal erwischt haben.

Sollte Ihnen das widerfahren, beherzigen Sie einen wichtigen Rat: Schauen Sie bloß nicht um des lieben Friedens willen über das Verhalten Ihrer Kollegen hinweg! So Ihr Vorgesetzter nicht in diese Machenschaften involviert ist, sollte Ihr erster Weg zu ihm oder ihr führen. Das ist Ihr gutes Recht, denn nach dem Betriebsverfassungsgesetz (§ 84 I BetrVG) ist es allen Mitarbeitern erlaubt, sich über ungerechte Behandlung und Mobbing-Attacken zu beschweren. Und Ihr Vorgesetzter hat alle Möglichkeiten, Sie zu unterstützen. Er kann den Übeltäter abmahnen, seine Versetzung veranlassen oder ihn sogar kündigen. Wenn Sie sich der Rückendeckung Ihres Chefs versichert haben, ist es auch einfacher, sich ein Herz zu fassen und den Strippenzieher unter vier Augen zur Rede zu stellen. Eine weitere Möglichkeit besteht darin, das Thema in einer Teamsitzung anzusprechen, an der auch Ihr Vorgesetzter teilnimmt.

Beschwerde beim Chef

Strategisches Mobbing

Hilfe von Ihrem Chef brauchen Sie allerdings nicht zu erwarten, wenn er selbst mobbt. Leider wird in Unternehmen mit schlechter Unternehmenskultur Mobbing gezielt zum Personalabbau eingesetzt. Das heißt: Die Vorgesetzten schaffen bewusst ein Klima und Umstände, die den Arbeitsalltag für nicht mehr erwünschte Mitarbeiter unerträglich werden lassen. Ihr Ziel ist es, den Mitarbeiter so zu zermürben, dass er freiwillig die Segel streicht und das Unternehmen verlässt.

Mobbing zum Personalabbau

Zermürbungstaktik

Ein probates Mittel ist es beispielsweise, das Opfer von Besprechungen fernzuhalten oder ohne nachvollziehbaren Grund in eine andere Abteilung zu versetzen. Der Mitarbeiter bekommt neue Aufgaben, die ihn entweder über- oder unterfordern. Beides ist der Anfang vom Ende. Wenn sich die Arbeit türmt, die Aufgaben nicht lösbar sind und Ihnen obendrein notwendige Hilfsmittel nicht zur Verfügung gestellt werden, machen Sie leichter Fehler. Und das ist es genau, worauf solche Chefs nur warten, um dann eine Abmahnung schreiben zu können.

Entzug von Aufgaben

Eine üble Variante dieser Taktik ist es, Ihnen alle Aufgaben zu entziehen und Sie nur noch Ihre Stunden absitzen zu lassen. Das kann zum einen kein intelligenter Mensch lange aushalten, zum anderen geht es natürlich auch zulasten Ihrer Qualifikation und Kompetenz und der Kontakte, die Sie vielleicht in Netzwerken außerhalb des Unternehmens aufgebaut haben.

Die Situation spitzt sich unweigerlich zu und irgendwann werden Sie so sauer sein, dass Sie sich Luft verschaffen und Ihr Arbeitgeber einen Grund hat, Ihnen mit verhaltensbedingter Kündigung zu drohen. Um dieser zu entgehen, werden Sie geneigt sein, einen Aufhebungsvertrag zu unterschreiben, und das Unternehmen hat sein Ziel erreicht.

Hilfe vom Betriebsrat oder „von oben"

Anlaufstellen

Wenn Ihr Chef Mobbing durch Kollegen still duldet, sich selbst daran beteiligt oder gar selbst der Hauptinitiator ist, bleiben Ihnen innerhalb des Unternehmens noch zwei Anlaufstellen: Sie können zum einen von Ihrem Beschwerderecht beim Betriebsrat Gebrauch machen. Tun Sie dies jedoch nur, wenn Sie die Erfahrung gemacht haben, dass der Betriebsrat einflussreich ist und im Unternehmen wirklich Dinge durchsetzen kann. In vielen Unternehmen sind Betriebsräte leider keine starken Persönlichkeiten, veranstalten nur ein Schattenboxen, das dann eher zum Nachteil des Mitarbeiters ausgeht, für den sie sich einsetzen. Ist dies der Fall, dann haben Sie nur noch die Chance, sich mit Ihrer Beschwerde an die Hierarchie-Ebene über Ihrem Vorgesetzten zu wenden.

Schikanen protokollieren!

Unabhängig davon, wo Sie sich Unterstützung holen, eines dürfen Sie auf keinen Fall vergessen: Protokollieren Sie die Schikanen! Wie und wann sind die Angriffe erfolgt? Wer war daran beteiligt und welche Folgen hatte das für Sie? Auch wenn in dieser Phase rechtliche Schritte noch nicht sinnvoll sind, müssen Sie jetzt vorbauen, denn im Falle eines späteren Rechtsstreits wird die Beweislast bei Ihnen liegen: Sie sind es, der vor Gericht im Zweifel nachweisen muss, dass Ihr Persönlichkeitsrecht und Ihre Würde systematisch verletzt wurden!

Dokumentation

Scheuen Sie sich auch nicht, eine psychologische Beratung in Anspruch zu nehmen. Gerade jetzt brauchen Sie jemanden, der Ihnen den Rücken stärkt. Auf die Unterstützung unbeteiligter Kollegen hingegen dürfen Sie sich nicht verlassen. Auch wenn Sie mit ihnen befreundet sind und sie Ihnen unter vier Augen Mitleid oder Verständnis zeigen: Wenn es hart auf hart kommt, haben Ihre Kollegen möglicherweise selbst Angst, in die Schusslinie zu geraten und ihren Job zu

Psychologische Beratung

17

verlieren. Rechnen Sie daher damit, dass befreundete Kollegen als Kronzeugen nicht taugen und lieber durch Schweigen das Vorgehen des Chefs tolerieren.

Rücksprache halten

Wenn die Situation so unerträglich ist, dass Sie in Erwägung ziehen, selbst zu kündigen, weil alle Lösungsversuche nichts gefruchtet haben, überstürzen Sie nichts und handeln Sie erst nach Rücksprache mit der Arbeitsagentur und Ihrem Arzt! Möglicherweise ist eine Klage auf Schadenersatz wegen Verdienstausfall und gesundheitlichen Schäden möglich.

Kündigungsgefahr: mittel bis hoch

Frustpotenzial: hoch

Nicht eiskalt erwischen lassen: Handeln Sie proaktiv!

Gezielte Vorbereitung

Wenn Sie merken, dass die Luft – aus welchen Gründen auch immer – dünn wird: Beginnen Sie sofort, sich auf den Tag X vorzubereiten! Lesen Sie regelmäßig die Stellenanzeigen in regionalen und überregionalen Zeitungen, registrieren Sie sich bei Jobbörsen und Karriereportalen im Internet und lassen Sie sich Jobmails zuschicken: Immer, wenn dort neue Stellenangebote eingehen, die auf Ihr Profil passen, erhalten Sie eine E-Mail. So entgeht Ihnen nichts! In Deutschland gibt es rund 800 Stellenbörsen im Internet. Darunter befinden sich große wie Monster und Stepstone, die sehr umfangreich sind, aber wenig spezialisiert. Für viele Berufsgruppen und Branchen existieren hingegen spezialisierte Jobbörsen, die auch von Arbeitgebern sehr geschätzt werden, weil sie viel fokussierter sind.

> **TIPP**
>
> Welche Stellenbörsen es gibt und welche davon ein relevantes Angebot haben lässt sich sehr gut recherchieren auf http://www.crosswater-systems.com.

Bewerbungsunterlagen aktualisieren

Möglicherweise müssen Sie in Kürze ganz schnell Ihre Bewerbungsunterlagen parat haben, daher ist es ratsam, diese schon jetzt auf Vordermann zu bringen. Lassen Sie dafür professionelle Fotos von einem Porträt-Fotografen machen. Hier sollten Sie nicht sparen, denn der erste Eindruck hängt – mehr als Ihnen vielleicht lieb ist – von Ihrem Foto ab! Daran hat auch das Allgemeine Gleichstellungsgesetz nichts geändert. Personalchefs sind eben auch nur Menschen.

Professionelle Fotos

Danach aktualisieren Sie Ihren Lebenslauf. Beginnen Sie dabei mit den beruflichen Tätigkeiten – und zwar in umgekehrter chronologischer Reihenfolge: der jetzige Job also an erster Stelle, danach die vorherige Station und so weiter. Beschreiben Sie Ihre Tätigkeiten mit ein paar aussagekräftigen Stichpunkten, damit sich Ihr neuer Arbeitgeber ein Bild von Ihren bisherigen Erfahrungen machen kann.

> **TIPP**
>
> Wenn Sie schon länger keine Bewerbung mehr geschrieben haben, finden Sie alle wichtigen Punkte, die beim Aufbau eines Lebenslaufs und dem Abfassen einer Bewerbung wichtig sind, kurz zusammengefasst unter http://www.jobguide.de/jobguide/bewerbung/bewerbung.html.

Beweise sammeln

Wenn Sie den Eindruck haben, dass Kontrolle und ungerechtfertigte Kritik überhand nehmen, sollten Sie Beweise sammeln und sich Notizen machen, die in einer möglichen späteren Kündigungsschutzklage als Beweise dienen können. Das gilt natürlich ganz besonders für Mobbing-Attacken. Vielen Opfern hat ein Mobbing-Tagebuch vor Gericht wertvolle Dienste geleistet.

Mobbing-Tagebuch

Betriebsrat einschalten

Wenn Massenentlassungen anstehen, ist der Betriebsrat ohnehin am Rotieren. Aber auch, wenn es allein um Ihren Arbeitsplatz geht, haben Sie die Möglichkeit, die Hilfe des Betriebsrats in Anspruch zu nehmen. Hier gelten die Einschränkungen bezüglich der Person des Betriebsrats, die wir oben schon im Kapitel „Mobbing – Schikane mit System" gemacht haben: Ein Betriebsrat, der sich aufbläst, aber bei der kleinsten Drohgebärde des Arbeitgebers einknickt, hilft Ihnen nicht. Im besten Fall fungiert der Betriebsrat als Ihr Anwalt im Unternehmen, der gegenüber Ihren Vorgesetzten und der Geschäftsführung Ihre Interessen vertritt. Grundsätzlich gilt: Sie dürfen zu jedem Personalgespräch einen Betriebsrat Ihres Vertrauens mitbringen, so wie der Arbeitgeber einen Vertreter aus der Personalabteilung einladen kann. Versucht der Arbeitgeber die Teilnahme des Betriebsrats Ihrer Wahl zu unterbinden, informieren Sie diesen. Hier wird nämlich die Betriebsratsarbeit behindert und das kann gemäß Betriebsverfassungsgesetz

Ihr Anwalt im Unternehmen

(§ 119 I Nr. 2) mit einer Freiheitsstrafe von bis zu einem Jahr oder einer Geldstrafe geahndet werden.

Selbst kündigen?

Wenn die Situation am Arbeitsplatz sich immer weiter zuspitzt, liegt eine eigene Kündigung nach dem Motto „Lieber ein Ende mit Schrecken als ein Schrecken ohne Ende" nahe. Diesen Schritt sollten Sie sich jedoch ganz genau überlegen, damit Sie nicht vom Regen in die Traufe gelangen. Lesen Sie zuvor unbedingt die folgenden Kapitel.

KAPITEL 2

Der Schock: … und raus bist du!

Wenn der Tag X dann tatsächlich da ist und Sie nichtsahnend oder ahnungsvoll zum Chef gerufen werden, sollten Sie eines im Kopf behalten: Vermeiden Sie Gefühlsausbrüche!

Ruhe bewahren

Wir gehen davon aus, dass Sie sich so weit unter Kontrolle haben, dass Sie nicht nach dem Brieföffner greifen. Doch verzichten Sie auch darauf, verbal ausfallend zu werden, selbst wenn es schwer fällt. Egal, wie angespannt Ihre Arbeitssituation in den letzten Wochen gewesen ist, egal ob Sie mit einer Kündigung gerechnet haben oder nicht: Atmen Sie tief durch und nehmen Sie Ihre Kündigung erst einmal unkommentiert entgegen.

Existenzangst

Leicht gesagt, wohl wahr. Eine Kündigung fühlt sich erst mal an wie ein Weltuntergang. Verzweiflung und Existenzangst übermannen Sie: „Was sagt meine Familie, wie sag' ich es meinen Nachbarn und Freunden? Werde ich auf ihre Unterstützung hoffen können oder muss ich mit Schadenfreude hinter vorgehaltener Hand rechnen?" Die Raten für die Eigentumswohnung sind in Gefahr, genauso wie der Klavierunterricht Ihrer Tochter.

Aber auch Kränkung, Wut und Enttäuschung über Ihren Arbeitgeber sind groß. Haben Sie nicht jahrelang mehr gegeben, als Sie mussten, sich total identifiziert? Haben Sie nicht wichtige Bereiche des Unternehmens mit aufgebaut? Und jetzt kippt man Sie vor die Tür wie einen Eimer Müll? Was für eine bodenlose Unverschämtheit und gemeine Kränkung!

Aber auch Selbstzweifel bleiben nicht aus: „Was habe ich nur falsch gemacht, dass es ausgerechnet mich erwischt? Bin ich so unbegabt, so verzichtbar?" Das schmerzt ungeheuerlich! Sie haben das Gefühl, auf der ganzen Linie versagt zu haben.

Selbstzweifel

Vorgesetzte müssen „exekutieren"

Besonders schlimm ist es, wenn Vorgesetzte und Kollegen, mit denen Sie sich immer gut verstanden haben, in einer solchen Phase zu Gemeinheiten greifen, Sie beleidigen, Ihre Leistung und Ihre Persönlichkeit infrage stellen oder sogar versuchen, Sie unfair zu übervorteilen. Leider ist das nicht die Ausnahme, sondern kommt ziemlich oft vor. Denn in dem Moment, wo die Entscheidung gefallen ist, einen Mitarbeiter loszuwerden, geht es in vielen Unternehmen nur noch darum, dies für den Arbeitgeber so kostengünstig wie möglich über die Bühne zu bringen. „Exekutieren" müssen das dann die Vorgesetzten. Und das heißt für Sie dann, dass Sie zusätzlich zu der existenziell schwierigen Situation auch noch eine herbe menschliche Enttäuschung verkraften müssen.

Insgesamt ist eine Kündigung eine grobe Zurückweisung. Das erschüttert jeden Menschen, auch den coolsten. Kein Wunder, wenn das Wechselbad der Gefühle Ihren sonst so klaren Verstand erst mal lahmlegt.

Zurückweisung

Wenn Sie dann auch noch freigestellt (siehe „Freistellung: Sie können Ihren Schreibtisch räumen!") werden, verändert sich Ihr Leben ganz abrupt. Der tägliche Trott gerät ins Stocken. Sie haben ganz viel Zeit zum Nachdenken. Auf einmal vermissen Sie sogar das Klingeln des Weckers, das morgendliche Verkehrschaos und den Einheitsbrei in der Kantine. Wenn Sie ein Mensch sind, der Probleme gerne verdrängt, dann wird Ihnen das erst mal nicht gut tun, denn Sie werden zu etwas gezwungen, das Sie am liebsten vermeiden, weil es schmerzhaft ist: nachzudenken über die Ursachen Ihrer Misere, über Ihr Leben, dessen Sinn und die Wünsche und Träume, die scheinbar gerade baden gegangen sind.

> **WICHTIG**
>
> Oberster Grundsatz bei jeder Kündigung ist besonnenes Handeln! Verschaffen Sie sich in Ruhe Klarheit über das Geschehen!

KAPITEL 3

Raus aus dem Gefühlschaos

Jede Kündigung, vor allem wenn sie aus heiterem Himmel kommt, erschüttert das eigene Universum in den Grundfesten. Wie schlimm diese Erschütterung ausfällt, ist von Mensch zu Mensch sehr verschieden. Dabei sind es manchmal gerade jene Menschen, die sehr stark und diszipliniert sind, die viel geleistet haben über Jahre, die in so einer Situation völlig in sich zusammenfallen. Das ist vielleicht auch kein Wunder, denn gerade Menschen, die viel leisten, haben möglicherweise auch für ihren Beruf eine Menge persönliche Bedürfnisse zurückgestellt, haben ihre Gesundheit und Fitness, ihre Familie vernachlässigt, haben sich über Jahre kontinuierlich überfordert, um beruflich alles geben zu können. Wenn ihnen dann der Job weggenommen wird, haben sie verständlicherweise den Eindruck, dass ihnen der Boden unter den Füßen weggezogen wird und jahrelange Schufterei und Selbstaufgabe zu nichts geführt haben, außer der schockierenden Erkenntnis, dass sie am Ende überflüssig und verzichtbar sind.

Erschütterung

Gehen Sie professionell mit Ihren seelischen Schmerzen um!

Wenn Sie Ihre Kündigung so sehr ins emotionale Aus katapultiert, dass Sie das Gefühl haben, kein Licht mehr am Ende des Tunnels zu sehen, keinen Sinn mehr im Leben zu haben, dann holen Sie sich Hil-

Holen Sie sich Hilfe

fe! Gerade viele Männer tun sich damit immer noch schwer, denn „schließlich bin ich nicht bekloppt" und „ich schaff das schon alleine". Ja, es kann sein, dass Sie das alleine schaffen. Aber wenn Sie brüllende Zahnschmerzen haben, dann ertragen Sie die auch nicht wochenlang, sondern gehen zum Zahnarzt, damit der das Problem behebt. Und genauso professionell sollten Sie auch mit Ihren seelischen Schmerzen umgehen. Die Wahrscheinlichkeit, dass es Ihnen mit Hilfe eines Krisen-Experten viel schneller wieder besser geht, ist sehr groß!

Depression

Nicht erst seit dem tragischen Tod des Torhüters Robert Enke hat die Welt begriffen, dass mit Depressionen nicht zu spaßen ist und es ein Fehler ist, sie mit sich allein abmachen zu wollen. Also gehen Sie die Sache an: Fragen Sie gute Freunde nach Empfehlungen und Ihren Hausarzt nach einer Überweisung zum Psychotherapeuten oder Facharzt. Der wird Ihnen helfen, wieder auf die Beine zu kommen – denn wenn Sie seelisch in der Kurve hängen, dann werden Sie nicht in der Lage sein, Ihre nächsten Schritte in die Zukunft strategisch zu planen und etwas Neues anzupacken.

So verarbeiten Sie Wut und Enttäuschung

Aber auch, wenn es Sie seelisch nicht total aus den Schuhen gehauen hat, werden Sie sich wohl oder übel mit der neuen Situation anfreunden müssen. Auch dann gilt: Wer gekündigt wird, ist im Stress!

Stress-Forschung

In der Stress-Forschung gibt es ein Punktesystem, nach dem der Verlust des Arbeitsplatzes zu jenen Lebensereignissen gehört, die nach dem Verlust eines geliebten Menschen mit die meisten „Stress-Punkte" erhalten.

Aber die Stressforschung misst nicht nur, sie gibt uns auch sehr gute Werkzeuge an die Hand, um Stress zu bewältigen. Darunter sind kurzfristig wirkende Maßnahmen und solche, die auf lange Sicht wirken und uns auf Dauer im Gleichgewicht halten.

Maßnahmen gegen Stress

Unternehmen Sie etwas gegen Ihren Stress!

Klar ist: Wenn Sie sich akut mit einer Kündigung auseinandersetzen müssen, brauchen Sie erst mal Maßnahmen, die Ihnen kurzfristig etwas bringen. Um zu verstehen, welche das sein können, sollten Sie sich klar machen, dass Stress immer ein psycho-physisches Geschehen ist. Zu Deutsch: Seele und Körper sind miteinander verbunden und beide beteiligt.

Wir kennen das ja auch aus anderen Zusammenhängen: Wenn man seelisch aus der Bahn ist, hat dies meist auch Auswirkungen auf den Körper: Schweißausbrüche, die Verdauung funktioniert nicht, man schläft schlecht, der Muskeltonus verändert sich. In der Entwicklungsgeschichte der Menschheit sind alle diese Symptome Zeichen dafür, dass ein Überlebensmechanismus einsetzt, der darauf ausgerichtet ist, Gefahr abzuschätzen, um dann entweder zu flüchten oder zu kämpfen.

Stress-Symptome

Da in Ihrer jetzigen Situation aber Angriff, zumindest körperlicher Angriff auf wen oder was auch immer, keine gute Lösung ist, sollten Sie Ihre Körperenergien auf ungefährlichere Weise abreagieren. Gehen

Entspannung

Sie joggen, buddeln Sie Ihren Garten um, hacken Sie Holz, gehen Sie schwimmen oder einfach nur spazieren. Wenn Sie durch gezielte Anspannung Ihren Körper entspannen, dann werden Sie auch Ihrer Seele gut tun. Und wenn Sie Ihre Seele entspannen, wird dies wiederum Ihrem Körper gut tun.

Also fangen Sie mit dem an, was Ihnen am meisten Spaß macht: Gehen Sie in die Sauna, lassen Sie sich massieren oder bringen Sie sich durch Sport ins Schwitzen, um den Kopf frei zu kriegen. Das heißt: Pflegen Sie Ihren Körper und Ihre Seele – dann wird in Ihrem Leben etwas Positives in Bewegung kommen.

Wechselspiel aus Anspannung und Entspannung

Bewegung

Auch wenn Sie zu den Nicht-Sportlichen gehören, sollten Sie unbedingt Ihre Stresshormone durch Bewegung abbauen. Wenn Sie also Joggen nicht mögen, dann gehen Sie eben mal ausgiebig spazieren oder schwimmen. Doch natürlich reicht ein einmaliger Spaziergang nicht aus, um wieder ins Lot zu kommen. Versuchen Sie deshalb, diese Betätigungen zur Routine werden zu lassen und Sport und Bewegung in Ihren Alltag aufzunehmen.

Wege zu
innerem
Gleichgewicht

Vielleicht sind Sie ja auch gar kein offensiv-aktiver Typ, sondern es hilft Ihnen mehr, eine gewisse Zeit in einem Kloster zu verbringen, um zur Ruhe zu kommen. Oder Sie sind ein künstlerisch-kreativer Mensch, der über musische Betätigung wieder zum inneren Gleichgewicht findet. Helfen kann es auch, einfach ein paar Tage wegzufahren, um den Kopf frei zu kriegen und neue Kräfte zu sammeln. Machen Sie doch mal all die Sachen, zu denen Sie wegen Ihres Jobs in letzter Zeit nicht mehr gekommen sind! Das hilft Ihnen bei der Erkenntnis, dass Ihre Arbeit nicht Ihr Leben war!

Wenn Ihr Kopf Achterbahn fährt

Sicher ist jedenfalls, dass ebenso wie Ihr Körper auch Ihr Geist Entspannung braucht. Durchbrechen Sie den Teufelskreis, in dem Ihre Gedanken ständig Achterbahn fahren, Sie nachts aufwachen, einen Adrenalin-Stoß kriegen, nicht mehr einschlafen können und dann bis zum Morgengrauen von Wut- und Panik-Attacken gebeutelt werden. Übel sind in diesem Zusammenhang auch die zerstörerischen Selbstvorwürfe und Selbstzweifel nach dem Motto „Ich kann das eben nicht … ich werde es nie hinkriegen …"

Selbstzweifel

Machen Sie sich selbst fertig?

Ist Ihnen das schon aufgefallen? Meistens hören wir dem eigenen inneren Kritiker sehr aufmerksam zu, hauen uns ständig selber in die Pfanne, entmutigen uns und kränken uns damit unentwegt selbst.

Innerer Kritiker

Wohlwollend und wertschätzend mit sich selbst umzugehen kann man jedoch lernen. Dies ist nämlich ein wichtiges Thema in vielen Coachings, beim Fußball-Coaching genauso wie beim Berufs-Coaching.

Wie im Leistungssport kann ein gutes Coaching auch im „normalen" Berufsleben dazu führen, dass Entwicklungsprozesse beschleunigt und dadurch verkürzt werden.

GUT ZU WISSEN

So finden Sie einen guten Coach

Die Deutsche Gesellschaft für Supervision beispielsweise unterstützt bei der Suche und bei Fragen rund um Coaching: www.dgsv.de

Die DGSv-Berater bieten Coaching, Supervision, Organisationsentwicklung, Beratung, jedoch keine psychotherapeutische Behandlung, obwohl viele der Coaches, die in dem Verband Mitglied sind, eine psychotherapeutische Ausbildung mitbringen. Im Fokus stehen beim Coaching immer berufliche Fragestellungen.

Die DGSv-Website bietet die Möglichkeit, sich einen Berater genau nach Region und Beratungsthema auszusuchen. Hier gibt es Spezialisten für eine Vielfalt an Themen von A bis Z: Berufsrolle, Berufsweg/Karriere, Ehrenamtliche Arbeit, Existenzgründung, Fallbesprechungen, Frauen und Beruf, Führung/Management, Gesundheitsmanagement, Konfliktmanagement, Konzeptentwicklung, Mobbing, Organisationsentwicklung, Personalentwicklung, Projektentwicklung, Qualitätsentwicklung, Teamentwicklung, Umgang mit Stress und Unternehmensnachfolge.

Die Berater in der Datenbank haben meist eigene Websites, die weiterführende Informationen enthalten und ein besseres Gefühl dafür vermitteln, ob die Person passen könnte. Zu den Kriterien, nach denen man sich einen Berater aussuchen sollte, bietet die DGSv-Website ebenfalls Hilfestellung.

Coaching

Die segensreiche Wirkung von Coaching ist ja inzwischen allgemein anerkannt. Top-Manager in großen Unternehmen haben fast immer einen Coach. Und wenn Arbeitgeber in großer Zahl Mitarbeiter entlassen, dann ist es heute üblich, dass Outplacement-Berater die Mitarbeiter coachen oder in Transfergesellschaften Personen zur Verfügung stehen, die eine Mischung aus Berufs- und Lebensberatung anbieten.

Wenn Sie keinen Coach in Anspruch nehmen wollen oder können, dann ziehen Sie auf keinen Fall den Stecker Ihres Telefons und vergraben sich in Ihren vier Wänden.

Erzählen bringt neue Ideen

Es kann sehr hilfreich sein, guten Freunden von seinen Sorgen und Überlegungen zu berichten. Jenen Menschen, die so offen sind, sich unterschiedlichen Personen anzuvertrauen, geht es meist besser als denen, die ihre Sorgen mit sich allein auszumachen versuchen. Sie bekommen dadurch sehr viel Feedback und neue Ideen. Allein schon der Versuch, einem anderen Menschen begreiflich zu machen, was im eigenen Kopf scheinbar völlig chaotisch durcheinanderwirbelt, zwingt dazu, seine Gedanken zu sortieren. Und nicht selten wird einem dadurch selbst einiges klar.

Vertrauen Sie sich an

Auch Fragen und Vorschläge von Menschen, die aus einem ganz anderen beruflichen Umfeld kommen, sind oft Auslöser neuer Ideen, gerade weil sie so ahnungslos sind. Haben Sie keine Hemmungen, sich an Ihre Freunde zu wenden, dafür sind Freunde da.

TIPP

Ihre Freunde und Bekannten haben sicher jede Menge hilfreiche Kontakte. Und immer kennt irgendjemand irgendwen, der von einer freien Stelle gehört hat. Solche „Zufälle" sind nicht die Ausnahme, sondern die Regel! Nutzen Sie das!

Sie müssen fit sein für die Doppelbelastung!

Insgesamt ist dieses Programm zu Ihrer körperlichen, seelischen und geistigen Fitness kein Selbstzweck. Es ist wichtig, weil in den nächsten Wochen eine Menge Arbeit auf Sie zukommt: Sie müssen nämlich Ihr neues Leben organisieren und gleichzeitig die Trennung vom alten Leben sauber über die Bühne bringen. Das Ganze geschieht – es sei denn, Sie sind freigestellt – neben Ihrem Berufsalltag im alten Unternehmen, der ja noch eine Weile bewältigt werden muss. Sie haben also eine Menge zu leisten nach Feierabend und an den Wochenenden. Und dazu brauchen Sie volle Motivation und Kraft!

Motivation und Kraft

Fangen Sie an, nach vorne zu schauen

Wenn Sie sich Ihrem Problem stellen, ein wenig auf Abstand gehen, Rat suchen und an Ihrer seelischen und körperlichen Fitness arbeiten, dann werden Sie schon bald wieder besser schlafen und morgens mit dem Gefühl aufwachen: „Jetzt packe ich es an! Jetzt mache ich aus der Krise eine Chance! Jetzt fange ich ein neues Leben an!"

Neue Kräfte

Sie werden merken, dass Ihnen das ganz neue positive Empfindungen bringt. Was gibt es Schöneres, als ein Projekt ganz von vorne kreativ zu planen, ohne sich irgendwelche Beschränkungen auferlegen zu müssen. Jetzt haben Sie die Chance! Jetzt ist der Moment, Ihrem Leben eine neue Wendung zu geben!

Eine historische Chance!

Sehen Sie nicht nur die Probleme, sondern machen Sie sich klar: Hier ist eine historische Chance für Sie! Sie können sich nicht verdrücken, Sie können nicht mehr zurück, also hilft es nichts, dem alten Leben nachzutrauern. Die Zukunft liegt vor Ihnen! Also nehmen Sie die Sache lieber in die Hand und gestalten Sie!

Neue
Perspektiven

Sobald Sie beginnen, Trauer, Angst und Wut abzuschütteln und Ihr Leben neu zu gestalten, werden Sie vielleicht merken, dass Sie insgeheim erleichtert sind. Einer Kündigung geht ja häufig eine lange Phase der Unsicherheit voraus – und die ist jetzt endlich vorbei!

Möglicherweise haben Sie sogar selbst schon länger über einen Arbeitsplatzwechsel nachgedacht, sich aber noch nicht getraut, ein Risiko einzugehen. Hat sich Unzufriedenheit breit gemacht, weil Sie das Ende der Karriereleiter erreicht haben, Ihr Arbeitgeber Sie nicht ausreichend wertgeschätzt hat? Oder suchen Sie eigentlich schon eine Weile nach einer neuen Herausforderung?

Wenn Sie die Sache positiv angehen, werden Sie wahrscheinlich schon in einem Jahr denken: „Wie dankbar bin ich für den Schubs, den mir das Leben gegeben hat, denn sonst hätte ich mich wahrscheinlich nie aus dem alten Trott gelöst."

Sie haben jetzt die einmalige Gelegenheit, sich wie ein junger Mensch noch einmal zu fragen: „Was macht mir wirklich Spaß? Habe ich vielleicht Talente, die ich in meinem Beruf bisher nie ausleben konnte?"

Neu-
orientierung

Nicht selten kommt es vor, dass Menschen an ihrem Arbeitsplatz jahrelang mehr oder weniger „Dienst nach Vorschrift" machen, schon lange in der inneren Kündigung sind, keine besondere Motivation mehr haben. Und oft haben diese Menschen bisweilen Hobbys, bei denen sie in ihrer Freizeit alles geben, ungeheure Leistungen erbringen und tolle Projekte auf die Beine stellen.

Eine Kündigung kann auch ein Segen sein

Es ist gut möglich, dass auch Sie vor langen Jahren einmal die falsche Berufsentscheidung getroffen haben und sich unbewusst in der Freizeit das gesucht haben, was wirklich Ihren Talenten entspricht, Sie total begeistert. In einer solchen Situation kann eine Kündigung ein Segen sein, denn sonst hätten Sie sich vielleicht nie getraut, etwas Neues anzufangen.

Hobby

Vielleicht haben Sie ja auch ein Hobby, aus dem sich ein Geschäft machen ließe, das Sie selbständig betreiben können? Oder es gibt im Umfeld Ihres Hobbys Unternehmen, bei denen sich wieder ein Anstellungsverhältnis finden lässt. Gehen Sie der Sache mal auf den Grund:

Machen Sie ein Langzeit-Brainstorming!

Und das geht so:

Tabelle „Zukunft"

- Legen Sie in Ihrem Computer eine Tabelle „Zukunft" an:

- Notieren Sie darin alles, was Ihnen Spaß macht: Aufgaben, die Ihnen leicht von der Hand gehen, Dinge, die Sie jeden Tag und auch sehr gerne tun,

34

oder Dinge, die Sie immer schon mal gerne machen wollten.

- Was Sie notieren, muss nichts mit Ihrer jetzigen Arbeit zu tun haben. Wenn Ihnen in den Sinn kommt, dass Sie gerne segeln lernen möchten: Schreiben Sie es auf! Wenn Ihnen auffällt, dass Sie gut zwischen Menschen vermitteln können: Schreiben Sie es auf! Wenn Sie gerne öffentlich auftreten, Vorträge halten: Notieren Sie es!

- Wenn Sie erst mal damit angefangen haben, werden Sie merken, dass Ihnen ständig neue Ideen kommen, egal, ob Sie im Büro Ihre Post durcharbeiten oder am Wochenende Ihr Wohnzimmer streichen.

Ideensammlung

- Machen Sie das über mehrere Wochen so. Es reicht nicht, sich einfach nur mal eine Stunde hinzusetzen und alles aufzuschreiben, was Ihnen in dem Moment einfällt. Das ist ein guter Anfang, aber dann müssen Sie dranbleiben. Arbeiten Sie längere Zeit im Kopf daran und nutzen Sie alle Impulse, die von außen auf Sie einströmen: Gespräche mit Kollegen und Freunden, mit Ihrem Lebenspartner, Dinge, die die Wettbewerber Ihres Unternehmens tun, Ideen, die Sie auf Networking-Veranstaltungen, Kongressen und im Sportverein bekommen.

- Wenn Sie konsequent alles notiert haben, sollte Ihre Datei nach ein paar Wochen sehr lang sein. Nun setzen Sie sich hin und beginnen zu sortieren: Was haben die Ideen gemein, die Sie da gesammelt haben? Gibt es ein erkennbares Prinzip? Machen Sie Zwischenüberschriften und sortieren Sie Ihre Ideen um. Zum Beispiel so: Dinge, die ich gut kann, Dinge, die ich lernen will, Produkte, die ich herstellen

Ideen sortieren

möchte", Dienstleistungen, die ich erbringen könnte, Dinge, die man in meinem bisherigen Job viel besser machen könnte. Finden Sie das Prinzip, nach dem sich Ihre Unterlagen gut sortieren lassen.

- Im nächsten Schritt sollten Sie zwei Dinge tun: Holen Sie sich Feedback zu Ihrer Liste. Und recherchieren Sie die Ideen, die Sie entwickelt haben.

Feedback

- Das Feedback sollte im ersten Schritt möglichst NICHT von Menschen kommen, mit denen Sie zusammenleben. Ihr Lebenspartner wird vielleicht mit Ihrem Jobverlust selbst Existenzängste verbinden und dazu neigen, Ihnen vermeintliche „Flausen" auszutreiben. Das ist jetzt nicht hilfreich. Am Anfang eines solchen Brainstormings ist es wichtig, dass Sie alle Ideen zulassen. In dieser Phase geht es erst mal darum, dass Sie sich über Ihre Wünsche klar werden und die Chance zur Neuorientierung nutzen. Die lebenspraktischen Umsetzungsfragen kommen noch früh genug.

- Wer also könnte Ihnen ein gutes Feedback zu Ihrer Liste geben? Ideal geeignet sind Coaches und Karriereberater, denn das ist deren Beruf. Sie sind darauf trainiert, das Gesamtbild zu betrachten: Ihren bisherigen Lebensweg, Ihre Talente, Ihre Selbsteinschätzung, die Fremdeinschätzung Ihrer bisherigen Arbeitgeber und den Eindruck, den sie im Gespräch von Ihnen gewinnen. Möglicherweise haben Sie auch Freunde, ehemalige Vorgesetzte oder Menschen, die Sie gut kennen und Ihnen helfen können, sich und Ihre Ideen zu sortieren. Manchmal hilft es auch schon, wenn Sie selbst versuchen, anderen zu erklären, was Sie gerne machen möchten und warum. Einfache Nachfragen eines Freundes können Sie da schon wieder auf eine ganz neue Spur bringen, die es lohnt, zu verfolgen.

- Wenn Sie die ersten Ideen haben, kommt es im nächsten Schritt darauf an, mehr darüber zu erfahren. Machen Sie eine Überschrift über die zweite Spalte Ihrer Tabelle: „Wer kann mehr darüber wissen?" Suchen Sie Leute, die das schon machen, was Sie gerne tun möchten. Rufen Sie diese Leute an, erklären Sie Ihre Situation und bitten Sie um ein paar Informationen über die Chancen in diesem Berufsfeld.

  Recherche

  Wenn eine Ihrer Ideen zum Beispiel ist: „Ich mache mich selbständig als …", dann legen Sie los: Recherchieren Sie im Internet über Unternehmen in diesem Bereich. Erkundigen Sie sich bei Verbänden nach der Situation der Branche, bei der IHK nach Beratungsangeboten und Gründungshilfen.

  In Ihrer Tabelle notieren Sie dann, was Sie erfahren haben. Das ist viel Arbeit, aber sie lohnt sich. Bleiben Sie konsequent bei der Sache und gehen Sie einer Fährte nach der anderen nach. Sehr schnell wird sich ein Puzzle-Stein zum anderen fügen und Sie werden ein Bild vor Augen haben von dem, was schon bald Ihr neues Leben sein kann.

Wichtig bei diesem Langzeit-Brainstorming ist, dass Sie es nicht unbefristet laufen lassen. Setzen Sie sich zeitliche Ziele für die Wiedervorlage: Werden Sie Ihr eigener Chef und treiben Sie die Vervollständigung Ihrer Recherche-Datei mit Energie zum Ziel!

Ziele setzen

Diese Recherche in Bezug auf Ihr neues Leben ist sicher sehr inspirierend. Und das ist auch gut so, denn dies wird Ihnen eine Menge Energie geben, die Sie jetzt brauchen, um die Doppelbelastung in dieser Lebensphase zu bewältigen: Denn während Sie sich mit der Gestaltung Ihres neuen Lebens befassen, müssen Sie sich parallel aus Ihrem alten Leben lösen.

KAPITEL 4

Ihre To-dos für die Trennungsphase

Da sind erst mal einige wichtige rechtliche Fragen bezüglich Ihrer Kündigung zu klären: Ist Ihre Kündigung möglicherweise arbeitsrechtlich gar nicht gültig, da Sie beispielsweise im Mutterschutz sind? Will man Sie mit der angebotenen Abfindung über den Tisch ziehen? Haben Sie überhaupt ein Recht auf Abfindung? Lohnt sich eine Kündigungsschutzklage? Und: Wie geht man dabei vor? Kommen Sie allein zurecht oder brauchen Sie einen Anwalt? Kann der Betriebsrat weiterhelfen?

Rechtliche Fragen

Zuerst müssen wir untersuchen, welcher Notfallplan für Sie der richtige ist. Schließlich möchten wir nicht, dass Sie wichtige Fristen verpassen.

Jetzt aber schnell – die Fristen laufen

Von dem Tag, an dem Ihr Arbeitsverhältnis endet, hängt die Berechnung verschiedener Fristen ab. Daher müssen Sie sich zunächst Gewissheit darüber verschaffen, welcher Tag in Ihrem Fall dieser Stichtag ist. In der Regel teilt Ihnen Ihr Arbeitgeber diesen Zeitpunkt im Kündigungsschreiben mit. Trotzdem empfehlen wir Ihnen, nachzurechnen und das Ergebnis mit dem Ihres Arbeitgebers zu vergleichen (siehe auch das Kapitel „Drei Wochen – Kündigungsschutzklage").

Stichtag

Drei Tage – arbeitsuchend melden

Spätestens drei Monate vor Beendigung des Arbeitsverhältnisses müssen Sie sich arbeitsuchend melden.
Das ist natürlich nur möglich, wenn Ihre Kündigungsfrist länger als drei Monate beträgt. Waren Sie
beispielsweise weniger als zwei Jahre bei Ihrem Arbeitgeber beschäftigt, beträgt die Kündigungsfrist nur
vier Wochen (mehr dazu unter „Kündigungsfristen
des Arbeitgebers"). Sobald der Zeitraum zwischen
dem Erhalt der Kündigung und dem tatsächlichen
Ende des Arbeitsverhältnisses kürzer ist, müssen Sie
sich ranhalten, denn dann verkürzt sich die Frist auf
drei Werktage nach Erhalt der Kündigung. Das ist
sportlich, aber die gute Nachricht ist: Sie können auf
Ihrem Sofa sitzenbleiben und müssen nur zum Te-
lefonhörer greifen. Oder Sie gehen ins Internet und
melden sich dort arbeitsuchend.

Kündigungs-frist *(margin note)*

GUT ZU WISSEN

Unter dieser bundesweit gültigen Telefonnummer melden Sie sich arbeitsuchend:
0 18 01-55 51 11. Unter dieser Nummer erfahren Sie auch, welche Zweigstel-
le der Arbeitsagentur für Sie zuständig ist.
Im Internet erfolgt die Meldung als arbeitsuchend unter www.jobboerse.arbeits-
agentur.de

Ein persönliches Erscheinen ist zunächst nicht erforderlich. Wenn Sie jedoch unbedingt an die frische
Luft möchten, können Sie die Arbeitsuchendmeldung
natürlich auch mit einem persönlichen Termin bei Ihrem Berater verbinden – aber auch das muss innerhalb der Dreitagesfrist geschehen. Bei Ihrem ersten

Besuch müssen Sie sich persönlich ausweisen. Also: Personalausweis nicht vergessen.

ACHTUNG

Die Meldung als arbeitsuchend kann telefonisch oder online erfolgen. Anschließend erhalten Sie einen Termin bei einem für Sie zuständigen Sachbearbeiter der Arbeitsagentur. Zu diesem Termin ist Ihr *persönliches* Erscheinen erforderlich.

Pünktlichkeit ist bares Geld

Versäumen Sie die Frist auf keinen Fall, sonst droht Ihnen eine einwöchige Sperrfrist. Das heißt, Sie bekommen Ihr Arbeitslosengeld nicht nur eine Woche später, sondern insgesamt auch für eine Woche weniger.

Sperrfrist

Nehmen Sie auch die Termine bei Ihrem Arbeitsamtsberater immer pünktlich wahr. Wenn Sie einen solchen Termin verbummeln, droht Ihnen auch hier eine Sperrfrist von einer Woche. Können Sie einen Termin nicht wahrnehmen, weil Sie krank sind oder – besser – ein Vorstellungsgespräch haben, müssen Sie den Termin bei Ihrem Berater ordnungsgemäß absagen – und zwar vorher. Um auf der sicheren Seite zu sein, sollten Sie der Entschuldigung immer die erforderlichen Unterlagen beilegen, also beispielsweise die Krankschreibung oder die Einladung zum Vorstellungsgespräch.

Termine wahrnehmen

Drei Wochen – Kündigungsschutzklage

Den Anruf bei der Arbeitsagentur haben Sie erledigt? Sehr gut. Kommen wir zur nächsten Frist, die für Ihr weiteres Vorgehen mindestens genauso wichtig ist: die Frist für die Erhebung einer Kündigungsschutzklage. Sie beträgt ab Zugang der Kündigung drei Wochen.

Frist

Wichtig für die Berechnung der Dreiwochenfrist sind:

- der Tag der persönlichen Übergabe der Kündigung,
- der Tag des Zugangs des Schreibens (nicht der Abholungsbenachrichtigung) per Post.

Nicht wichtig für die Berechnung der Dreiwochenfrist sind:

- das Datum des Kündigungsschreibens,
- der Tag des Einwurfs der Abholungsbenachrichtigung durch die Post,
- das im Kündigungsschreiben genannte Datum für das Ende des Arbeitsverhältnisses.

Wenn Sie diese Frist versäumen, können Sie sich eine Klage gleich aus dem Kopf schlagen, und zwar vollkommen unabhängig davon, ob die Kündigung rechtmäßig war oder nicht. Hintergrund ist, dass sowohl für den Arbeitgeber als auch für den Arbeitnehmer möglichst schnell Rechtssicherheit herbeigeführt werden soll. Und so berechnen Sie die Frist zur Erhebung einer Kündigungsschutzklage:

> **WICHTIG**
>
> ### Berechnung der Frist zur Erhebung einer Kündigungsschutzklage
>
> - Für die Berechnung der Frist kommt es darauf an, wann Sie die Kündigung erhalten haben. Der Wochentag des Zugangs drei Kalenderwochen später ist der letzte Tag, an dem die Kündigungsschutzklage erhoben werden kann. **Beispiel:** Sie erhalten die Kündigung am Montag, den 1. Juni. Das heißt, die Frist endet drei Wochen später, am Montag, den 22. Juni. Bis um 23.59 Uhr dieses Tages muss Ihre Klage bei dem für Sie zuständigen Arbeitsgericht eingegangen sein.
> - Geht Ihnen die Kündigung bereits am Samstag, den 30. Mai, oder am Sonntag, den 31. Mai, zu, dann endet die Frist trotzdem erst drei Wochen später am darauffolgenden Montag. Wenn das Fristende auf einen Feiertag fällt, dann verlängert sich die Frist bis zum Ende des darauffolgenden Werktags.

Daher sollten Sie gleich den Tag des Ablaufs der Frist zur Erhebung Ihrer Kündigungsschutzklage berechnen und sich diesen Termin rot unterstrichen im Kalender eintragen!

Klagen oder nicht klagen? – Das ist jetzt die Frage

Angenommen, die rechtliche Prüfung (mehr dazu im Kapitel „Kündigungsschutz für besondere Beschäftigte") ergibt, dass Ihre Kündigung nicht rechtmäßig ist. Dann müssen Sie sich entscheiden, wie Sie mit der Kündigung umgehen wollen.

Kündigung nicht rechtmäßig

Dies ist Ihre ganz persönliche Entscheidung, die vor allem davon abhängt, wie schnell Sie mit Ihrem alten

43

Pro & Contra Arbeitsverhältnis abschließen möchten. Ein arbeitsgerichtliches Verfahren kann je nach Gerichtsbezirk lange dauern, ein Jahr ist keineswegs ungewöhnlich. Aber gleichzeitig sollten Sie sich auch klarmachen, welche seelischen Auswirkungen ein Prozess haben kann. Zum einen kann es für Ihren Seelenfrieden wichtig sein, sich gegen eine unrechtmäßige Kündigung und eventuelles Mobbing zu wehren. Andererseits bedeutet die Länge eines solchen Verfahrens auch, dass Sie immer wieder mit der Sache konfrontiert und innerlich aufgewühlt werden. Jeder neue Schriftsatz des gegnerischen Anwalts wird Sie möglicherweise verletzen, Sie werden nicht abschließen können mit Ihrer Vergangenheit. Ob Sie das seelisch durchstehen, sollten Sie nicht nur mit einem Anwalt besprechen, sondern auch mit einem Coach oder Menschen, der Ihnen nahesteht.

„Man sieht sich immer zweimal"

Es stellt sich auch die Frage, ob Sie bei dem, was Sie zukünftig machen wollen, mit Ihrem alten Arbeitgeber, den Kollegen und Vorgesetzten wieder indirekt zu tun haben werden. Werden Sie vielleicht als Wettbewerber gegeneinander antreten? Oder könnte es zwischen einem neuen Arbeitgeber und Ihrem alten Kooperation? zu einer Kooperation kommen? Vor allem, wenn Sie mit sehr speziellem Know-how ausgestattet sind und in einem engen Marktumfeld tätig sind, ist es wahrscheinlich, dass es früher oder später zu Berührungspunkten kommen wird. „Man sieht sich immer zweimal" – dieser alte Spruch ist nur zu wahr.

Davon abgesehen geht es bei einem Arbeitsgerichtsprozess möglicherweise auch um Ihr Startkapital in ein neues Leben: Eine vor Gericht ausgehandelte Abfindung kann Ihnen bei der Gestaltung Ihrer weiteren beruflichen Laufbahn sehr hilfreich sein. Sie könnte Ihnen den Rücken freihalten, damit Sie sich in aller Ruhe nach einer geeigneten Arbeitsstelle umsehen können. Oder Ihnen den Schritt in die Selbständigkeit erleichtern. Allerdings: Auch wenn es bei sehr vielen Arbeitsgerichtsprozessen letztlich zu einem Kompromiss und einer Abfindungszahlung kommt, ist das nicht garantiert. Insbesondere, wenn Sie sich irgendetwas haben zuschulden kommen lassen, können Sie nicht sicher davon ausgehen, dass Geld fließen wird. Andererseits reichen für die Gerichte häufig bereits Zweifel an der Rechtmäßigkeit Ihrer Kündigung aus, damit diese einen Vergleichsvorschlag mit Abfindungszahlung unterbreiten. Hier entscheiden also letztendlich die genauen Umstände Ihres Falles.

Abfindung

So oder so: Sie haben drei Wochen, um sich für oder gegen eine Klage zu entscheiden.

> **ACHTUNG**
>
> Von der Dreiwochenfrist zur Klageerhebung gibt es keine Ausnahmen.

Checkliste Fristen

Die folgende Checkliste hilft Ihnen, alle wichtigen Fristen im Auge zu behalten.

Wann haben Sie die Kündigung erhalten? Tag, an dem Sie die schriftliche Kündigung in die Hand gedrückt bekommen, diese in Ihrem Briefkasten gefunden oder bei der Post abgeholt haben:	__.__.201...
Drei Tage – arbeitsuchend melden Tag, bis zu dem Sie sich spätestens bei der Bundesagentur für Arbeit (telefonisch oder online) arbeitsuchend gemeldet haben müssen (drei Werktage, nachdem Ihnen Ihre Kündigung zugegangen ist). Telefonnummer: 0 18 01-55 51 11 Internet: www.jobboerse.arbeitsagentur.de	__.__.201...
Drei Wochen – Kündigungsschutzklage Tag, bis zu dem Sie spätestens Ihre Kündigungsschutzklage beim Arbeitsgericht eingereicht haben müssen (drei Wochen, nachdem Ihnen die Kündigung zugegangen ist. Dabei gilt derselbe Tag, es sei denn, dieser ist ein Samstag, Sonn- oder Feiertag, dann gilt der darauffolgende Werktag).	__.__.201...

Checkliste Kündigungsschutzklage

Beginn des Arbeitsverhältnisses (nicht der Tag der Unterschrift des Arbeitsvertrags, sondern der erste Arbeitstag):	__.__.201...
Kündigungsfrist Ihres Arbeitgebers (arbeitsvertraglich/nach Betriebsvereinbarung oder Tarifvertrag/gesetzlich nach BGB) – abhängig von der Dauer Ihrer Beschäftigung bei Ihrem Arbeitgeber	__.__.201...
Zugang des Kündigungsschreibens:	__.__.201...
Höhe Ihres letzten Bruttogehalts (am besten nehmen Sie hierfür die Dezemberabrechnung des Vorjahres und die Einzelabrechnungen des laufenden Kalenderjahres zur Hand):	_____ Euro
Höhe regelmäßiger Gratifikationszahlungen:	_____ Euro
Gesamturlaubsanspruch für das laufende Kalenderjahr:	_____ Tage
Anzahl der bereits genommenen Urlaubstage:	_____ Tage

Checkliste Unterlagen für den Anwalt

Diese Unterlagen sollten Sie für den Gang zum Anwalt oder zur arbeitsgerichtlichen Verhandlung zur Hand haben:

- Arbeitsvertrag

- Eventuelle Änderungsvereinbarungen

- Wenn für Ihr Unternehmen vorhanden: Betriebsvereinbarung

- Wenn Sie in den Geltungsbereich eines Tarifvertrags fallen, eine Abschrift oder dessen genaue Bezeichnung

- Die letzten zwölf Gehaltsabrechnungen, in jedem Fall die Dezemberabrechnung vom Vorjahr

- Kündigungsschreiben

- Eventuelle Abmahnungen, soweit vorhanden

- Bei krankheitsbedingter Kündigung eine genaue Auflistung Ihrer Erkrankungen im vergangenen Jahr

KAPITEL 5

Wie schnell sind Sie weg? – Kündigungsfristen

Die Einhaltung der Kündigungsfristen liegt sowohl im Interesse des Arbeitgebers als auch des Arbeitnehmers. Für den Arbeitgeber kann es wirtschaftlich von entscheidender Bedeutung sein, ob er seinen Mitarbeiter länger beschäftigen muss, nur weil er die Kündigungsfrist nicht eingehalten hat. Für Sie als Arbeitnehmer ist die Einhaltung der Kündigungsfrist dann besonders entscheidend, wenn Sie bereits einen neuen Arbeitsvertrag abgeschlossen und sich auf einen Start-Termin festgelegt haben. Wir raten Ihnen dringend, sich vor Abschluss eines neuen Arbeitsvertrags Gewissheit über die Kündigungsfristen zu verschaffen! Sonst können Sie den neuen Job zum vereinbarten Zeitpunkt vielleicht gar nicht antreten. Dabei riskieren Sie nicht nur, Ihren neuen Arbeitsplatz noch vor Antritt wieder zu verlieren, sondern machen sich unter Umständen sogar schadensersatzpflichtig.

Einhaltung der Fristen

Kündigungsfrist des Arbeitnehmers

Grundsätzlich können Sie Ihre Stelle jederzeit mit einer Frist von vier Wochen zum 15. oder zum Monatsende kündigen. Abweichende Kündigungsfristen können sich aus einem Tarifvertrag ergeben. Eine längere Kündigungsfrist gilt nur dann, wenn dies ausdrücklich in Ihrem Arbeitsvertrag steht.

Frist von vier Wochen

GUT ZU WISSEN

So berechnen Sie die Kündigungsfrist

- Die Kündigungsfrist wird im Arbeitsvertrag festgelegt. Üblich sind Fristen zum 15. oder zum Ende des Monats. Bei der Angabe „zum 15." gibt es nichts zu interpretieren, sie ist eindeutig.
- Bei der Kündigungsfrist „zum Ende des Monats" handelt es sich tatsächlich um den letzten Tag in diesem Monat, also im Januar um den 31., im Februar um den 28. oder 29.2., im März um den 31. usw.
  Beispiel: Es gilt eine Kündigungsfrist von vier Wochen zum Monatsende. Sie erhalten die Kündigung am 3. Juli. Hier kann problemlos zum 31. Juli gekündigt werden, da die Frist von 28 Tagen eingehalten wird. Wichtig ist aber, dass Ihnen die Kündigung bis zum 3. Juli um 23.59 Uhr zugegangen ist. (Mehr dazu im Kapitel „Wann haben Sie die Kündigung erhalten?").
- Kann nur zum Monatsende gekündigt werden und erfolgt die Kündigung erst am 4. Juli, so kann erst zum 31. August gekündigt werden. Gibt es im Arbeitsvertrag die Möglichkeit, zusätzlich zum Monatsende auch zum 15. eines Monats zu kündigen, so würde die Kündigung bereits zum 15. August wirksam.

Aber Papier ist geduldig: Nicht jede Regelung, die Ihre Kündigungsfrist verlängert, ist auch automatisch wirksam. Ein Arbeitnehmer darf nämlich hinsichtlich seiner Kündigungsrechte nicht schlechter gestellt werden als sein Arbeitgeber. Daraus folgt, dass in Ihrem Arbeitsvertrag die Kündigungsfristen für Sie nicht länger sein dürfen als für Ihren Arbeitgeber.

BEISPIEL

Besteht Ihr Arbeitsverhältnis seit vier Jahren, darf in Ihrem Arbeitsvertrag keine längere Kündigungsfrist festgelegt werden als „einen Monat bis zum Monatsende". Sollte also in Ihrem Arbeitsvertrag eine Kündigungsfrist zu Ihren Ungunsten festgelegt worden sein, so ist diese unwirksam. Rechtlich gilt dann automatisch wieder die gesetzliche Kündigungsfrist von vier Wochen zum 15. oder zum Monatsende.

Kündigungsfristen des Arbeitgebers

Die Kündigungsfristen Ihres Arbeitgebers ergeben sich aus dem Gesetz, aus dem Tarifvertrag oder dem Arbeitsvertrag – je nachdem. Grundsätzlich hängen die Fristen von der Dauer Ihrer Beschäftigung im Unternehmen ab: Je länger Sie für diese Firma tätig waren, umso länger wird die Frist, innerhalb derer Ihr Arbeitgeber Ihnen kündigen kann.

Dauer Ihrer Beschäftigung

Gesetzliche Kündigungsfristen sind abhängig von der Dauer des Arbeitsverhältnisses. Sie betragen, wenn das Arbeitsverhältnis

- weniger als zwei Jahre bestanden hat: vier Wochen zum 15. oder zum Ende eines Kalendermonats,
- zwei Jahre bestanden hat: einen Monat zum Ende eines Kalendermonats,
- fünf Jahre bestanden hat: zwei Monate zum Ende eines Kalendermonats,
- acht Jahre bestanden hat: drei Monate zum Ende eines Kalendermonats,
- zehn Jahre bestanden hat: vier Monate zum Ende eines Kalendermonats,
- zwölf Jahre bestanden hat: fünf Monate zum Ende eines Kalendermonats,
- 15 Jahre bestanden hat: sechs Monate zum Ende eines Kalendermonats,
- 20 Jahre bestanden hat: sieben Monate zum Ende eines Kalendermonats.

Innerhalb der Probezeit können auch kürzere Kündigungsfristen gelten. Hier kann in einer Frist von zwei Wochen gekündigt werden.

Probezeit

Wenn Ihr Arbeitsvertrag in den Geltungsbereich eines Tarifvertrags fällt, können für Sie noch günstigere, also längere, aber auch kürzere Kündigungsfristen gelten. Im Geltungsbereich eines solchen Tarifvertrags kommen die abweichenden tarifvertraglichen Bestimmungen zwischen nicht tarifgebundenen Arbeitgebern und Arbeitnehmern nur dann zur Anwen-

Tarifvertrag

51

dung, wenn deren Anwendung zwischen ihnen vereinbart oder der Tarifvertrag für allgemeinverbindlich erklärt worden ist.

Gesetzlich vorgesehen sind weitere Ausnahmen:

- Zeiten, die vor der Vollendung des 25. Lebensjahrs des Arbeitnehmers liegen, werden in die Berechnung der Beschäftigungsdauer nicht mit einbezogen.

In Ihrem Arbeitsvertrag können unter bestimmten Bedingungen auch kürzere Fristen vereinbart werden,

- wenn ein Arbeitnehmer zur vorübergehenden Aushilfe eingestellt ist; dies gilt nicht, wenn das Arbeitsverhältnis über die Zeit von drei Monaten hinaus fortgesetzt wird;
- wenn der Arbeitgeber in der Regel nicht mehr als 20 Arbeitnehmer beschäftigt – ausschließlich der Azubis – und die Kündigungsfrist vier Wochen nicht unterschreitet.

Freistellung: „Sie können Ihren Schreibtisch räumen!"

Wenn Ihr Chef das Ende der Kündigungsfrist nicht mehr abwarten kann, kann er Sie freistellen. Das kann er entweder mündlich oder schriftlich tun. Im Falle einer Freistellung brauchen Sie bis zum Ende der Kündigungsfrist nicht mehr an Ihrem Arbeitsplatz zu erscheinen. Und: Sie dürfen es auch nicht mehr! Das bedeutet zwar kein Hausverbot, doch wenn Sie beispielsweise Ihre persönlichen Sachen abholen möchten, müssen Sie sich vorher anmelden.

Wenn Sie die Kündigung für unwirksam halten, sollten Sie Ihrem Arbeitgeber Ihre weitere Arbeitsbereit-

---

> **ACHTUNG**
>
> In keinem Fall sollten Sie gemeinsam mit Ihrem Arbeitgeber eine Freistellung vereinbaren! Es drohen sonst sozialversicherungsrechtliche Konsequenzen – also Leistungskürzungen. Eine Freistellung sollte daher immer ausschließlich vonseiten des Arbeitgebers erfolgen.

schaft anzeigen. Dies kann schriftlich oder mündlich erfolgen. Wichtig ist nur, dass Sie dies später auch beweisen können. Allerdings muss Ihnen klar sein, dass Ihr Arbeitgeber bei formalen Fehlern bei der Kündigung auch schnell Abhilfe schaffen kann, Ihnen also form- oder fristgerecht erneut kündigen kann.

Arbeitsbereitschaft anzeigen

Eine Besonderheit gilt in dem Fall, dass derjenige, der Ihnen gekündigt hat, gar nicht dazu berechtigt war, weil er hierfür keine Vollmacht hat (mehr dazu unter „Wer hat die Kündigung unterschrieben?"). Einen solchen Mangel müssen Sie immer unverzüglich, das heißt so schnell wie möglich, rügen.

Fehlende Berechtigung

Resturlaub: Verschenken Sie nichts!

Wenn Ihnen noch Urlaub zusteht, sollten Sie zusehen, dass Sie diesen auch noch erhalten. Wahrscheinlich wird Ihnen Ihr Arbeitgeber den Urlaub zum Ende des Arbeitsverhältnisses gewähren. Streitigkeiten gibt es dann häufig über die Frage, wie lang der Ihnen zustehende Urlaub ist.

Dabei ist wieder einmal alles wunderbar gesetzlich geregelt: Scheiden Sie in der ersten Jahreshälfte aus, steht Ihnen Urlaub nur anteilig pro Monat zu. Ange-

Urlaubsanspruch

nommen, Sie haben 30 Urlaubstage, sind das also im Februar fünf Tage ($^2/_{12}$ des Gesamturlaubs), im April zehn Tage ($^4/_{12}$) und so weiter. Scheiden Sie in der zweiten Jahreshälfte aus, also nach dem 1. Juli, dann steht Ihnen Ihr gesamter Jahresurlaub zu, ohne Kürzung der Monate, die Sie vor Jahresende ausscheiden. Ihr Chef kann sich also 15 Urlaubstage sparen, wenn er Ihnen zum 30. Juni und nicht zum 15. Juli kündigt. Allerdings: Erst nach sechs Monaten Beschäftigungsdauer erwerben Sie erstmalig Ihren vollen Urlaubsanspruch.

BEISPIEL

Wenn Sie im November 2009 eingestellt wurden, können Sie erst im April 2010 Ihren vollen Jahresurlaub nehmen. Im ersten Jahr Ihrer Anstellung steht Ihnen immer nur so viel Urlaub anteilig zu, wie Sie auch schon gearbeitet haben, also $^1/_{12}$ des Jahresurlaubsanspruchs pro Beschäftigungsmonat.

Glück haben Sie gehabt, wenn Sie Ihren Urlaub bereits in der ersten Jahreshälfte komplett genommen haben. Den kann Ihnen nämlich niemand mehr nehmen. Ihr Arbeitgeber kann auch das Urlaubsentgelt nicht von Ihnen zurückfordern.

GUT ZU WISSEN

Ihr Mindesturlaubsanspruch beträgt 24 Werktage, wobei Werktage alle Tage außer Sonn- und Feiertagen sind. Meist steht Ihnen aber mehr Urlaub zu. Wie viel genau, steht in Ihrem Arbeitsvertrag, in der für Sie geltenden Betriebsvereinbarung oder im Tarifvertrag.

Wenn Sie während Ihres Urlaubs krank waren und dies mit einem ärztlichen Attest – dem berühmten gelben Schein – nachgewiesen haben, können Sie diese Tage von Ihrem verbrauchten Urlaub abziehen.

Urlaub und Krankheit

Der Urlaubsanspruch entsteht übrigens unabhängig davon, ob Sie im Kündigungsjahr gearbeitet haben, denn er setzt allein das Bestehen eines wirksamen Arbeitsverhältnisses voraus. Waren Sie also längere Zeit krank oder sogar überhaupt nicht arbeitsfähig, so haben Sie trotzdem Anspruch auf Urlaub wie jeder andere Arbeitnehmer. Das kann dazu führen, dass Sie von Januar bis November krankgeschrieben waren und dann erst einmal Ihren sechswöchigen Jahresurlaub in Anspruch nehmen können. Ob das allerdings klug und gut für das Betriebsklima ist, ist die andere Frage.

Ihr Arbeitgeber kann entscheiden, ob er Ihnen den Resturlaub zum Ende der Kündigungsfrist gewährt. Hat er Ihnen den Urlaub aber bereits für einen anderen Zeitraum zugesichert, so kann er diesen Zeitraum nur unter wenigen Voraussetzungen widerrufen. Wenn der Urlaub innerhalb des noch bestehenden Arbeitsverhältnisses nicht gewährt werden kann, muss Ihnen Ihr Arbeitgeber den Urlaub auszahlen.

> **ACHTUNG**
>
> Auch die Urlaubsabgeltung muss versteuert werden und es müssen Sozialabgaben darauf gezahlt werden!

KAPITEL 6

Ist Ihre Kündigung überhaupt gültig?

Formale
Anforderungen

Eine Kündigung muss bestimmte formale Anforderungen erfüllen, damit sie gültig ist: Sie muss a) schriftlich erfolgen, b) von Hand unterschrieben sein – und zwar nicht von irgendwem, sondern von einer dazu berechtigten Person – und sie muss Ihnen c) „zugegangen" sein. Das heißt, Sie müssen das Schreiben auf irgendeine Weise – persönlich, per Post, durch einen Boten – in die Hände/in den Briefkasten bekommen haben. Erfüllt die Kündigung diese Kriterien nicht, ist sie unwirksam. Ihr Arbeitsverhältnis besteht in diesem Falle fort, und zwar mit allen Rechten und Pflichten.

Papier mit echter Unterschrift

Schriftform

Wenn der Chef Sie mit krebsrotem Gesicht anschreit: „Müller, Sie sind gefeuert!", aber keine schriftliche Kündigung folgt, ist nichts passiert und Sie sollten sich tunlichst nicht von Ihrem Arbeitsplatz entfernen. Eine Kündigung muss zwingend schriftlich erfolgen. Schriftlich kann sowohl handschriftlich als auch mit der Schreibmaschine oder dem Computer bedeuten. Und gültig ist sie auch nur, wenn Ihr Arbeitgeber seine eigenhändige Unterschrift daruntergesetzt hat. Eine Kündigung per E-Mail, Fax oder in Kopie ist nicht gültig.

Gleiches Recht für alle

Für Arbeitgeber und Arbeitnehmer gelten übrigens dieselben Formerfordernisse: Also auch Sie selbst können nur schriftlich kündigen. Wenn Sie aus einer Laune heraus Ihrem Arbeitgeber ein lautes „Ich kündige!" hinschmettern, ist unter formalen Gesichtspunkten zunächst nichts passiert. Die nur mündlich ausgesprochene Kündigung ist unwirksam und ohne Rechtsfolgen. Dasselbe gilt, wenn Sie nach einem Streit den Arbeitsplatz verlassen. Auch dies gilt nicht als Kündigung durch schlüssiges Verhalten, weil die Schriftform nicht eingehalten ist.

Trotzdem ist von solchem Verhalten dringend abzuraten! Denn auch wenn es rechtlich erst mal folgenlos bleibt, wird es in jedem Fall Folgen für Ihr Arbeitsverhältnis haben. Mit dem Ausspruch einer Kündigung deuten Sie zumindest an, dass der Arbeitgeber an Ihrer Loyalität und Treue zweifeln darf. Außerdem handelt es sich um Arbeitsverweigerung, die für Ihren Arbeitgeber Anlass zur – eventuell sogar fristlosen – Kündigung sein kann.

*Arbeits-
verweigerung*

Formfehler – Freuen Sie sich nicht zu früh!

Auch wenn die Unterschrift unter der Kündigung fehlt, sind Sie noch nicht aus dem Schneider. Für Sie als Arbeitnehmer hat auch eine „formnichtige" Kündigung eine tatsächliche Wirkung. Es beginnen zwar keine Fristen zu laufen und das Arbeitsverhältnis besteht auch erst einmal fort, aber mit dem Ausspruch der Kündigung hat Ihnen Ihr Arbeitgeber unmissverständlich kundgetan, dass er das Arbeitsverhältnis

*„Formnichtige"
Kündigung*

mit Ihnen beenden möchte. Für Sie stellt sich jetzt die Frage, wie Sie hierauf reagieren sollen.

Arbeitskraft anbieten

Wenn Ihnen eine formnichtige Kündigung ausgesprochen wurde, sollten Sie als Arbeitnehmer unbedingt, wie es im Juristendeutsch heißt, „Ihre Arbeitskraft beim Arbeitgeber anbieten". Das heißt konkret: Sie erscheinen am nächsten Tag zum regulären Arbeitsbeginn an Ihrer Arbeitsstelle und melden sich bei Ihrem Vorgesetzten einsatzbereit. Wenn Ihr Vorgesetzter das Arbeitsangebot ablehnt, können Sie nach Hause gehen.

WICHTIG

Machen Sie das Arbeitsangebot möglichst vor Zeugen!

Nehmen Sie einen Kollegen oder sonstigen Vertrauten mit. Klären Sie jedoch vorher unbedingt, ob dieser auch bereit wäre, in einem etwaigen gerichtlichen Verfahren Ihr Arbeitsangebot zu bezeugen. Wenn Sie keinen Zeugen haben, sollten Sie sich die Ablehnung Ihres Arbeitgebers schriftlich bestätigen lassen oder selbst ein Schreiben aufsetzen, in dem Sie Ihr Arbeitsangebot und dessen Ablehnung durch den Vorgesetzten kurz schriftlich zusammenfassen. Dieses sollten Sie noch am selben Tag Ihrem Arbeitgeber durch Fax oder E-Mail zukommen lassen.

Das Wort „Kündigung" muss in dem Kündigungsschreiben übrigens nicht explizit erwähnt werden. Es reicht, wenn Ihr Arbeitgeber deutlich macht, dass er an einer Fortführung des Arbeitsverhältnisses mit Ihnen nicht mehr interessiert ist.

Wer hat die Kündigung unterschrieben?

Haben Sie in einem größeren Betrieb gearbeitet, sollten Sie genau hinschauen, wer die Kündigung unterschrieben hat und ob diese Person überhaupt dazu bevollmächtigt ist. Grundsätzlich muss derjenige, der die Kündigung unterschrieben hat, auf Ihre Aufforderung hin seine schriftliche Bevollmächtigung vorweisen. Schriftform heißt auch hier: Die Vollmacht muss im Original mit eigenhändiger Unterschrift des Arbeitgebers vorgelegt werden. Eine Kopie (auch Übermittlung per Fax oder E-Mail) ist für die Einhaltung der Schriftform auch hier NICHT ausreichend.

Vollmacht

Kann der Kündigende diese Vollmacht nicht vorlegen, so sollten Sie die Kündigung aufgrund der fehlenden Vollmachturkunde schnellstmöglich („unverzüglich") zurückweisen, denn so bleibt die Kündigung zunächst unwirksam, was sich für Sie wiederum günstig auf die Fristen auswirkt. Im Idealfall rügen Sie sofort bei Übergabe, dass der Nachweis der Bevollmächtigung fehlt. Wenn Sie die Kündigung bereits erhalten haben und aus Unwissenheit nicht zurückgewiesen haben: Holen Sie dies jetzt sofort nach! Wichtig aber auch hier: Machen Sie Ihr Arbeitsangebot!

Kündigung zurückweisen

Hier gibt es für Ihren Arbeitgeber allerdings eine Ausnahme: Wenn die Kündigungsvollmacht bekannt ist, beispielsweise im Falle des Personal- oder Niederlassungsleiters, können Sie den fehlenden Nachweis nicht rügen. Jeder weiß, dass diese Personen zum Ausspruch einer Kündigung berechtigt sind. Das gleiche gilt, wenn Ihr Arbeitgeber bei der Amtseinführung der unterzeichnenden Person vor der gesamten Belegschaft auf die Bevollmächtigung zur Kündigung hingewiesen hat.

Wann haben Sie die Kündigung erhalten?

Weitere Voraussetzung für die Wirksamkeit einer Kündigung ist, dass Ihnen die Kündigung „zugegangen" ist, das heißt, dass Sie sie überhaupt erhalten haben.

Persönliche Übermittlung

Der eindeutigste Fall des Zugangs einer Kündigung ist, wenn Ihr Arbeitgeber Ihnen das Schreiben persönlich in die Hand gedrückt hat. Die Kündigung gilt damit als zugegangen und alle relevanten Fristen beginnen zu laufen.

Postversand

Häufig scheuen sich Arbeitgeber davor, ihren Angestellten die Kündigung persönlich zu überreichen. Sie versenden sie daher mit der Post, lassen sie durch einen Boten zustellen oder werfen sie eigenhändig in deren Hausbriefkasten. In diesen Fällen muss geklärt werden, ob und ab wann die Kündigung als zugegangen gilt.

Die Kündigung ist Ihnen zugegangen, wenn Sie in Ihren „Machtbereich" gelangt ist und unter normalen Umständen damit gerechnet werden darf, dass Sie die Kündigung zur Kenntnis nehmen.

Hierbei kommt es auf die Umstände des Einzelfalles an:

Einwurf in den Briefkasten	Bei Einwurf in den Briefkasten gilt die Kündigung am Morgen des nächsten Werktages oder Abend desselben Tages als zugegangen, abhängig davon, wann damit zu rechnen war, dass Sie den Briefkasten leeren. Wird der Brief an einem Samstagabend, Sonn- oder Feiertag eingeworfen, ist erst am nächsten Werktag mit der Kenntnisnahme zu rechnen.
Zustellung per Übergabe-Einschreiben	In diesem Fall ist die Kündigung zugegangen, wenn Sie das Schreiben durch den Briefzusteller überreicht bekommen oder bei der Post abgeholt haben. Allein durch Einwurf des Benachrichtigungszettels in Ihren Briefkasten liegt noch kein Zugang vor. Bedenken Sie, dass Sie den Zugang der Kündigung nicht unbedingt dadurch verhindern können, dass Sie das Schreiben einfach nicht abholen!
Zugang außerhalb des Postweges	Arbeitgeber greifen zu den abenteuerlichsten Methoden, um den Zugang einer Kündigung sicherzustellen. Es werden Kündigungen unter der Haustüre durchgeschoben, an der Eingangstür festgeklebt oder durch gekippte Fenster eingeworfen: nichts, was es nicht schon gegeben hätte. Ob und wann in solchen Fällen die Kündigung tatsächlich zugegangen ist, ist schwer zu beurteilen. Niemand kontrolliert regelmäßig, ob an seiner Haustür Schreiben kleben oder unter der Fußmatte Briefe liegen. Daher sind sowohl der Zugang an sich – beispielsweise, weil das Schreiben vom Wind weggeweht oder von Kindern verschleppt worden ist – als auch der exakte Zeitpunkt des Zugangs unsicher. Unter solchen Umständen sollten Sie unbedingt den Zeitpunkt der tatsächlichen Kenntnisnahme des Kündigungsschreibens protokollieren, da dies für die Frist in einem Kündigungsschutzverfahren von entscheidender Bedeutung ist. Bitten Sie beispielsweise einen Freund, den Zugang Ihrer Kündigung zu notieren – beispielsweise durch einen Vermerk des Gesprächs mit Ihnen im Kalender. Oder Sie halten Datum und Uhrzeit auf dem Kündigungsschreiben fest oder teilen Ihrem Arbeitgeber den Zeitpunkt des Zugangs schriftlich (per Post, Fax oder E-Mail) mit. Dies sollten Sie allerdings nur dann tun, wenn Sie Anhaltspunkte dafür haben, dass Sie von der Kündigung erst verspätet Kenntnis erlangt haben. Wenn Sie am Datum des Schreiben sehen, dass Sie den Brief zeitnah erhalten haben, gibt es keinen Anlass, Ihrem Arbeitgeber dadurch entgegenzukommen, dass Sie ihm den Zugang der Kündigung auch noch bestätigen.

Waren Sie verreist oder aus anderen Gründen verhindert, das Schreiben zur Kenntnis zu nehmen (Aufenthalt im Krankenhaus oder Krankheit eines engen Familienmitglieds), so gilt die Kündigung trotzdem an dem Tag als zugegangen, an dem unter normalen Umständen mit Ihrer Kenntnisnahme gerechnet werden durfte. Dies ist sogar dann der Fall, wenn Ihr Arbeitgeber über die Urlaubsreise informiert war.

Nachweis Trotzdem ist in solch einem Fall nicht alles verloren. Wenn Sie nachweisen können, dass Sie die Kündigung unverschuldet zum vermuteten Zeitpunkt nicht zur Kenntnis nehmen konnten, können Sie innerhalb von zwei Wochen beim Arbeitsgericht beantragen, wieder an Ihren Arbeitsplatz zurückkehren zu können – auch dann, wenn die Frist zur Erhebung der Kündigungsschutzklage bereits verstrichen ist.

> **WICHTIG**
>
> In diesem Fall raten wir Ihnen dringend, die Hilfe eines Fachanwalts für Arbeitsrecht in Anspruch zu nehmen! Denn jetzt ist richtiges und vor allem schnelles Handeln gefragt, damit der Ihnen zustehende Kündigungsschutz nicht wegen Fristüberschreitung erlischt.

Achtung: Sie kommen um eine Kündigung nicht herum, indem Sie diese einfach ignorieren oder sich dem Zugang absichtlich entziehen, zum Beispiel indem Sie verreisen oder auf die Benachrichtigung der Post über die Hinterlegung eines Einschreibens nicht reagieren und die Sendung einfach nicht abholen. Dies gilt vor allem dann, wenn Sie mit dem Zugang einer Kündigung rechnen mussten. Wenn Sie sich der Zustellung des Briefes auf solche Art entziehen, können Sie später bei Gericht nicht beantragen, Ihre Stelle wieder antreten zu dürfen, da Sie das Versäumen der Frist selbst verschuldet haben. Wenn Sie mit einem Kündigungsschreiben rechnen, müssen Sie Sorge tragen, dass Sie trotz Ihrer Abwesenheit davon erfahren. Dies können Sie sicherstellen, indem Sie jemanden bitten, jeden Tag den Briefkasten zu leeren und Sie über ein Schreiben Ihres Arbeitgebers sofort zu informieren.

Selbst-
verschuldetes
Versäumnis

KAPITEL 7

Genießen Sie Kündigungsschutz?

Wenn sie die Fristen einhalten, dürfen sowohl Arbeitnehmer als auch Arbeitgeber ein Arbeitsverhältnis ohne Angaben von Gründen beenden – das besagt der Grundsatz der Kündigungsfreiheit. Während Sie als Arbeitnehmer ohne besondere Vorgaben kündigen dürfen, müssen Arbeitgeber allerdings Kündigungsschutzvorschriften beachten, und zwar die „besonderen" (mehr unter „Kündigungsschutz für besondere Beschäftigte") und die „allgemeinen" (mehr unter „Allgemeiner Kündigungsschutz"). Verstößt die Kündigung Ihres Arbeitgebers gegen eine solche Vorschrift, ist sie unwirksam.

Kündigungs-
schutzvor-
schriften

Da der allgemeine Kündigungsschutz nicht für Betriebe gilt, die zehn oder weniger Mitarbeiter haben, sehen Sie in diesem Fall zu, dass Sie ein gutes Arbeitszeugnis (mehr unter „Die Bewertung: Eine ‚Drei' muss es mindestens sein") bekommen und konzentrieren Sie sich auf Ihre Zukunft. Aber werfen Sie zuvor noch einen Blick durch unser kleines Hintertürchen im Abschnitt „Schwarzer Peter: gekündigt im Kleinbetrieb".

Kündigungsschutz für besondere Beschäftigte

Besonderer
Schutz

Der Gesetzgeber sieht einen besonderen Schutz insbesondere für Schwangere, junge Mütter, Eltern in

Elternzeit, Schwerbehinderte, Auszubildende, Betriebsratsmitglieder und Wehrdienstleistende vor. Der besondere Kündigungsschutz steht diesen Personengruppen immer zu, ganz gleich wie viele Mitarbeiter in einem Betrieb arbeiten.

ACHTUNG

Der besondere Kündigungsschutz bezieht sich nur auf die ordentliche Kündigung. Unberührt bleibt hiervon das Recht, Sie wegen schwerwiegender Verstöße fristlos zu feuern!
Auch beim besonderen Kündigungsschutz gilt die Klagefrist von drei Wochen!

Frauen im Mutterschutz

Schwangere und junge Mütter – bis vier Monate nach der Entbindung – dürfen nur gekündigt werden, wenn der Arbeitgeber zuvor die Zustimmung der zuständigen Aufsichtsbehörde eingeholt hat. Zuständige Aufsichtsbehörde ist die für den Arbeitsschutz zuständige oberste Landesbehörde. Wer diese Funktion konkret ausübt, ist von Bundesland zu Bundesland unterschiedlich geregelt. Hier lohnt ein Blick auf die Homepage des Arbeitsministeriums in Ihrem Bundesland.

Zustimmung der Aufsichtsbehörde

Ohne diese Zustimmung bleibt die Kündigung unwirksam, Ihr Arbeitgeber muss Ihnen also erneut kündigen. Die Frist für die Erhebung der Kündigungsschutzklage beginnt aber bereits mit der ersten – unwirksamen – Kündigung zu laufen. Übrigens muss die Schwangerschaft dem Arbeitgeber zuvor nicht bekannt gewesen sein. Ausreichend ist, dass der

Arbeitgeber innerhalb von zwei Wochen nach Eingang der Kündigung von der bestehenden Schwangerschaft erfährt.

Mütter und Väter in Elternzeit

Eingeschränkt kündbar

Wenn Sie sich in Elternzeit befinden, sind Sie ebenfalls nur eingeschränkt kündbar. Auch hier muss sich Ihr Arbeitgeber zuvor die Zustimmung der Aufsichtsbehörde einholen. Für Mütter greift der Kündigungsschutz übergangslos, wenn die Elternzeit innerhalb der ersten vier Monate nach der Entbindung beantragt wird.

Wenn Sie als Vater Elternzeit beantragen, besteht der Kündigungsschutz ab acht Wochen vor Beginn der Elternzeit. Da Sie die Elternzeit aber erst spätestens sieben Wochen vor ihrer Inanspruchnahme anmelden müssen, sind Sie theoretisch schon eine Woche vorher unkündbar.

GUT ZU WISSEN

Die 36 Monate Elternzeit kann jeder Elternteil für sich in Anspruch nehmen. Theoretisch könnten daher sowohl Mutter als auch Vater zeitgleich drei Jahre Elternzeit nehmen. Voraussetzung ist allerdings, dass beide Elternteile höchstens 30 Wochenstunden arbeiten. Eine durchaus überlegenswerte Variante, da die Familie so auch auf eine Wochenstundenzahl von 60 Arbeitsstunden kommt (statt der sonst üblichen 40 Stunden der Vater und höchstens 20 Stunden die Mutter), beide aber für 36 Monate unter Kündigungsschutz stehen.

Schwerbehinderte

Anders als der Kündigungsschutz für Schwangere entsteht der Kündigungsschutz für Schwerbehinderte erst nach sechsmonatiger Beschäftigung bei einem Arbeitgeber. Auch hier kann der Arbeitgeber – nach Ablauf dieser Frist – sowohl ordentlich als auch fristlos kündigen, allerdings nur dann, wenn er zuvor die Zustimmung der zuständigen Aufsichtsbehörde eingeholt hat.

6-monatige Beschäftigung

Zudem muss die Schwerbehinderung bei Kündigungszugang bereits festgestellt oder mindestens drei Wochen vor Zugang der Kündigung beantragt worden sein. Der Arbeitgeber muss von der Schwerbehinderung nichts gewusst haben. Es reicht, wenn er nach Zugang der Kündigung unverzüglich hierüber informiert wird.

Betriebsratsmitglieder

Wenn Sie Mitglied im Betriebsrat sind, kann Ihnen ebenfalls nur aus einem wichtigen Grund und mit Zustimmung des Betriebsrats gekündigt werden.

Wichtiger Grund

Im gleichen Umfang geschützt sind Sie, wenn Sie sich für den Betriebsrat bewerben. Der Schutz greift ab Ihrer Aufstellung im Wahlvorschlag und endet mit Bekanntgabe des Wahlergebnisses. Sind Sie danach Mitglied des Betriebsrats, sind Sie sowieso geschützt. Werden Sie nicht in den Betriebsrat gewählt, gilt bis sechs Monate nach der Wahl ein abgeschwächter Schutz.

Es gibt besondere Regeln für nachrückende Ersatzmitglieder. Hier sollte auf jeden Fall eine eingehende rechtliche Beratung erfolgen.

Gibt es in Ihrem Unternehmen noch keinen Betriebsrat, haben Sie aber mit zwei weiteren Kollegen zur Wahl eines Wahlvorstands aufgerufen, genießen Sie auch in diesem Fall besonderen Kündigungsschutz.

Auszubildende

Nach Ablauf der Probezeit können Auszubildende nicht mehr ordentlich gekündigt werden. Aus wichtigem Grund können sie allerdings fristlos gekündigt werden, zum Beispiel, wenn sie Straftaten zulasten des Arbeitgebers begangen haben. Allerdings steigen die Anforderungen an die Gründe, je weiter das Ausbildungsverhältnis fortgeschritten ist.

> **ACHTUNG**
>
> In vielen Ausbildungszweigen muss vor Erhebung einer Kündigungsschutzklage eine besondere Schlichtungsstelle angerufen werden. Also sollten Sie sich vor weiteren Schritten eingehend erkundigen, ob für Ihren Ausbildungszweig solche Stellen vorhanden sind.

Wehr- und Zivildienstleistende

Wenn Sie Wehr- oder Zivildienstleistender sind, können Sie grundsätzlich nicht ordentlich gekündigt werden. Sie stehen dann unter Schutz ab dem Zeitpunkt, zu dem Ihnen der Einberufungsbescheid zugestellt wurde, bis zu dem Tag, an dem Sie Ihren Dienst abgeleistet haben. Der Bescheid muss aber dem Arbeitgeber unverzüglich nach dessen Erhalt vorgelegt werden!

Allgemeiner Kündigungsschutz

Gehören Sie nicht einer der oben genannten Personengruppen an, müssen Sie trotzdem der Kündigung nicht vollends ausgeliefert sein. Sie können auch in diesem Fall noch Glück haben und unter den allgemeinen Kündigungsschutz fallen. Nach dem Kündigungsschutzgesetz ist eine sozial ungerechtfertigte Kündigung unwirksam. Ob eine solche vorliegt, kann durch ein Arbeitsgericht festgestellt werden.

Sozial ungerechtfertigt

Das Kündigungsschutzgesetz ist auf Sie anwendbar, wenn:

- Sie länger als sechs Monate im Unternehmen beschäftigt sind oder

- im Unternehmen Ihres Arbeitgebers mehr als zehn Arbeitnehmer angestellt sind. Ausnahme: Wenn Sie bereits vor dem 31. Dezember 2003 angefangen haben, reicht es aus, wenn damals mehr als fünf Arbeitnehmer im Betrieb beschäftigt waren und mehr als fünf von ihnen heute noch im Unternehmen arbeiten.

Mehr als 10 Arbeitnehmer

Die Frage, ob in Ihrem Betrieb ausreichend viele Arbeitnehmer beschäftigt sind, ist vor allem bei mittleren Unternehmen, in denen auch Teilzeitkräfte, Auszubildende oder Praktikanten beschäftigt werden, nicht immer leicht zu beantworten.

69

Wenn der allgemeine Kündigungsschutz auf Sie anwendbar ist, bedeutet dies, dass Sie nicht ohne triftigen Grund gekündigt werden können.

Bruchrechnung mit Köpfchen

Berechnung der Arbeitnehmerzahl

Bei der Bestimmung der Arbeitnehmerzahl gehen Sie wie folgt vor: Gezählt werden alle Beschäftigten mit Ausnahme der Auszubildenden und Praktikanten. Beschäftigte, die mindestens 30 Wochenstunden arbeiten, gelten als ein Arbeitnehmer, Beschäftigte, die mindestens 20 Wochenstunden arbeiten, als ein halber Arbeitnehmer und wer mehr als 20, aber weniger als 30 Wochenstunden arbeitet, zählt als Drei-Viertel-Arbeitnehmer.

BEISPIEL

In einem Unternehmen arbeiten sechs Vollzeitkräfte, drei mit einem Kontingent von 20 Stunden, zwei mit einem Kontingent von 25 Stunden und eine Kraft mit 35 Stunden. Daneben werden noch sechs Auszubildende und zwei Praktikanten beschäftigt.

Rechnung:
Sechs Arbeitnehmer + 1,5 Arbeitnehmer (3 x ½ AN mit 20 Stunden) + 1,5 Arbeitnehmer (2 x ¾ AN mit 25 Stunden) + 1 Arbeitnehmer (1 AN mit 35 Stunden) = zehn Arbeitnehmer. Die Auszubildenden und Praktikanten werden nicht einberechnet.

Fazit:
Da zehn Arbeitnehmer beschäftigt sind, das Kündigungsschutzgesetz jedoch mehr als zehn Arbeitnehmer verlangt, gilt hier kein allgemeiner Kündigungsschutz.

Schwarzer Peter: gekündigt im Kleinbetrieb

In Kleinbetrieben, in denen genau zehn Arbeitnehmer oder weniger beschäftigt sind, gilt das Kündigungsschutzgesetz **nicht**. Wenn Sie in solch einem Unternehmen beschäftigt sind, kann Ihnen ohne Grund gekündigt werden. Allein die Kündigungsfristen verhindern, dass Ihr Chef Sie von einem auf den anderen Tag vor die Tür setzen kann.

Folgendes Hintertürchen steht Ihnen jedoch eventuell offen: Wenn Sie aus betriebsbedingten Gründen gekündigt werden sollen, hat Ihr Arbeitgeber auch bei einem Kleinbetrieb die Pflicht, „soziale Rücksichtnahme" walten zu lassen. Er muss daher bei der Kündigung eine Auswahl unter seinen Angestellten treffen. Anders als bei der betriebsbedingten Kündigung nach dem Kündigungsschutzgesetz braucht er seine Auswahl aber nicht zu beweisen. Im Gegenteil: SIE als Arbeitnehmer müssen beweisen, warum die Wahl auf einen anderen Arbeitnehmer hätte fallen müssen. Und das ist nicht einfach, denn nach der Rechtsprechung muss sich „die Vergleichbarkeit der Arbeitnehmer auf den ersten Blick ergeben". Dies darzulegen dürfte Ihnen in der Regel kaum gelingen. Fallen Verstöße gegen die Sozialauswahl tatsächlich ins Auge, sollten Sie diese mit einem Anwalt erörtern, um die Erfolgsaussichten einer Kündigungsschutzklage zu prüfen.

Hintertürchen

Anhörung des Betriebsrats

Wenn es in Ihrem Unternehmen einen Betriebsrat gibt, so ist dieser vor der Kündigung unbedingt an-

zuhören. Hat Ihr Arbeitgeber diese Anhörung unterlassen oder bei der Anhörung Fehler gemacht, so ist
die Kündigung unwirksam. Wie genau die Anhörung
durch den Betriebsrat hätte erfolgen müssen, lassen
Sie im Zweifelsfall durch einen Rechtsanwalt prüfen.

KAPITEL 8

Warum sind Sie überhaupt gefeuert worden? – Kündigungsgründe

Kündigung ist nicht gleich Kündigung. Hat Ihr Arbeitgeber Ihnen aus heiterem Himmel den Laufpass gegeben? Hat der Betrieb Insolvenz angemeldet und sind Sie Opfer einer Massenentlassung geworden? Oder – Hand aufs Herz – haben Sie etwas ausgefressen und sind fristlos vor die Tür gesetzt worden? Oder sind Sie systematisch rausgemobbt worden?

Die Einhaltung der Formalien des Kündigungsschreibens (Schriftform usw.) ist die eine Seite der Medaille. Aber geht bei Ihrer Kündigung auch inhaltlich alles mit rechten Dingen zu? Sind die Gründe an den Haaren herbeigezogen oder hat der Arbeitgeber hieb- und stichfeste Beweise, weil Sie monatelang krank waren oder weil Sie die Kaffeemaschine haben mitgehen lassen?

Kündigung inhaltlich rechtens?

> **WICHTIG**
>
> Grundsätzlich gilt: Ihr Arbeitgeber muss Ihre Kündigung überhaupt nicht begründen. Er kann Ihnen auch nur lapidar schreiben: „Hiermit wird Ihnen gekündigt". Anders verhält es sich allein bei der fristlosen Kündigung. Auf Ihren Wunsch hin muss der Arbeitgeber Ihnen hierfür eine Begründung liefern.

Die „materielle Rechtmäßigkeit", wie es im Juristendeutsch heißt, ist nach dem Kündigungsschutzgesetz bei vier Kündigungsarten möglich:

- der betriebsbedingten Kündigung
- der personenbedingten Kündigung
- der verhaltensbedingten Kündigung
- der Änderungskündigung

Betriebsbedingt: Dem Laden geht es schlecht

Ihnen kann unter zwei Aspekten betriebsbedingt gekündigt worden sein. Dem Unternehmen kann es so schlecht gehen, dass es schlicht und einfach nichts mehr für Sie zu tun gibt. Aber auch bei guter Auftragslage kann Ihr Arbeitgeber Ihnen betriebsbedingt kündigen, wenn er unternehmerische Entscheidungen trifft, durch die Ihr Arbeitsplatz wegfällt. Solange Ihr Arbeitgeber nachweisen kann, dass er Sie nach seiner Umorganisation nicht mehr braucht, ist die Kündigung wirksam. Ob seine Umorganisation sinnvoll war, kann und darf das Arbeitsgericht nicht überprüfen. Hier gilt die freie unternehmerische Entscheidung Ihres Arbeitgebers.

Umorganisation

GUT ZU WISSEN

Ihr Arbeitgeber darf grundsätzlich bisher im eigenen Betrieb durchgeführte Arbeiten an ein anderes Unternehmen auslagern. Er kann die unternehmerische Entscheidung treffen, bisher von angestellten Arbeitnehmern vorgenommene Tätigkeiten ausschließlich an freie – selbständig tätige – Mitarbeiter zu übertragen. Auch wenn diese Maßnahmen Ihren Arbeitsplatz vernichten, sind das unternehmerische Entscheidungen, die Ihrem Arbeitgeber freistehen.

Ihr Arbeitsplatz muss aber tatsächlich weggefallen sein. Problematisch sind jene Fälle, in denen die Aufgaben nur umverteilt werden. Hier muss Ihr Arbeitgeber ausführen, in welchem Umfang die bisher durch Sie ausgeübten Tätigkeiten entfallen. Er muss darlegen, wie die verbliebene Belegschaft Ihre Aufgaben schultert, ohne dass die Mehrarbeit bei ihnen zu Überstunden oder Überlastung führt. Hierzu muss er aufschlüsseln, wer künftig welche Ihrer Tätigkeiten ausüben wird.

Einleuchtender ist die betriebsbedingte Kündigung immer dann, wenn sich aus der schlechten Auftragslage ergibt, dass Sie nicht mehr gebraucht werden. Auch wenn zum Zeitpunkt Ihrer Kündigung noch genügend Aufträge vorhanden waren, kann Ihr Arbeitgeber Ihnen kündigen. Entscheidend ist nämlich der Zeitpunkt Ihres Ausscheidens aus dem Unternehmen. Ist die Auftragslage nur ungewiss, weil beispielsweise noch Ausschreibungsverfahren laufen, kann Ihnen nicht betriebsbedingt gekündigt werden.

Schlechte Auftragslage

Aber auch hier gilt: Nachhaken lohnt sich. Prüfen Sie in jedem Fall nach, wie schlecht es tatsächlich um die Auftragslage steht.

Weiterbeschäftigung an einem anderen Arbeitsplatz

Aber auch wenn Ihr Arbeitsplatz nachweislich weggefallen ist, muss Ihr Arbeitgeber immer prüfen, ob er Sie nicht auf einem anderen freien Arbeitsplatz im Unternehmen weiterbeschäftigen kann. Wenn Sie daher für sich die Möglichkeit sehen, einen anderen

Job bei Ihrem Arbeitgeber zu übernehmen, sollten Sie dies unbedingt geltend machen.

Sozialauswahl mit strengen Spielregeln

Auch in wirtschaftlichen Notlagen kann Ihr Arbeitgeber nicht völlig frei entscheiden, welchen seiner Arbeitnehmer er entlässt. Er muss zwischen Ihnen und den Kollegen, die mit Ihnen „austauschbar" sind, die also ohne Weiteres auf Ihren Arbeitsplatz versetzt werden könnten und umgekehrt, eine Sozialauswahl treffen.

Schutzwürdigkeit

Aus der Gruppe der austauschbaren Kollegen muss Ihr Arbeitgeber denjenigen zuerst entlassen, der sozial am wenigsten schutzwürdig ist. Diese Schutzwürdigkeit bestimmt sich dabei ausschließlich nach den folgenden vier Kriterien:

- Dauer der Betriebszugehörigkeit

- Alter

- Unterhaltsverpflichtungen

- Schwerbehinderung

Unterschiedliche Gewichtung

Diese vier Kriterien können jedoch durch den Arbeitgeber unterschiedlich gewichtet werden. Er kann den einzelnen Gründen unterschiedliche Punkte zuordnen. Dieses Punktesystem ist dann allerdings auf alle Arbeitnehmer gleichermaßen anzuwenden.

Weitere soziale Gesichtspunkte werden nicht mit einbezogen.

BEISPIEL

In einem Unternehmen sind zwei 30-jährige Frauen beschäftigt. Beide haben ein Kind, die eine ist seit drei Jahren, die andere seit zwei Jahren angestellt. Für die Sozialauswahl spielt es keine Rolle, dass die kürzer beschäftigte Mitarbeiterin alleinerziehend ist und die andere aus einer Doppelverdienerfamilie stammt. In diesem Beispiel zählt allein die Betriebszugehörigkeit. Daher muss die alleinerziehende Mutter gehen.

Sonderregelungen gelten bei Insolvenz des Unternehmens. Die Insolvenz kann dazu führen, dass beispielsweise einer Schwerbehinderung bei der Sozialauswahl kein besonderes Gewicht zukommt.

In die Sozialauswahl nicht mit einbezogen werden Mitarbeiter, deren Weiterbeschäftigung für Ihren Arbeitgeber von „berechtigtem betrieblichem Interesse" ist, weil sie besondere Fähigkeiten mitbringen. Die Anforderungen hierfür sind jedoch hoch. Ein solches „berechtigtes betriebliches Interesse" kann auch die Erhaltung einer ausgewogenen Personalstruktur im Unternehmen sein. Aus diesem Grund werden in großen Unternehmen für die Sozialauswahl die Arbeitnehmer in Altersgruppen eingeteilt.

> „Betriebliches Interesse"

Personenbedingt: eine bittere Pille

Wenn Gründe in Ihrer Person vorliegen, die Ihre weitere Beschäftigung bei Ihrem Arbeitgeber unzumutbar machen, kann Ihnen aus personenbedingten Gründen gekündigt werden. Krankheit und fehlende fachliche Eignung sind die häufigsten Gründe für eine solche personenbedingte Kündigung.

> Häufigste Gründe

Die krankheitsbedingte Kündigung

Wegen Krankheit gekündigt zu werden, ist ein besonders harter Schlag. Denn Sie müssen sich nicht nur damit auseinandersetzen, dass Sie krank sind, sondern darüber hinaus auch noch eine Kündigung verkraften.

Aus folgenden Gründen darf Ihnen krankheitsbedingt gekündigt werden:

Häufige Kurz-erkrankungen	Dauernde Arbeitsunfähigkeit	Langandauernde Krankheit	Krankheitsbedingte Leistungs-minderung
Sie waren in der Vergangenheit immer wieder für einige Tage oder Wochen krank. Dadurch haben Sie Fehlzeiten von insgesamt mindestens sechs Wochen angesammelt, so dass Ihrem Arbeitgeber Ihre Weiterbeschäftigung nicht zuzumuten ist.	Es steht fest, dass Sie chronisch krank sind und die Wiederherstellung Ihrer Arbeitsfähigkeit ausgeschlossen werden kann.	Zum Zeitpunkt Ihrer Kündigung ist nicht ausgeschlossen, dass Sie wieder vollständig genesen werden. Ihr Arbeitgeber weiß aber wegen der bereits langen Erkrankung (mindestens sechs Wochen) nicht, wann wieder mit Ihrer Arbeitsfähigkeit zu rechnen ist.	Aufgrund Ihrer Erkrankung sind Sie auch dann, wenn Sie zur Arbeit kommen, nicht in der Lage, die von Ihnen erwartete Arbeit auch tatsächlich zu leisten.

Prognose

Für die Frage, ob Ihnen gekündigt werden darf, kommt es allein auf die Prognose an, ob bei Ihnen auch in Zukunft weiter mit Erkrankungen zu rechnen ist. Ist in den folgenden 24 Monaten nicht mit einer wesentlichen Gesundung zu rechnen, kann berechtigt gekündigt werden. Zudem muss Ihre Erkrankung die betrieblichen Interessen des Arbeitgebers beeinträchtigen. Dahinter können sich Betriebsablaufstörungen verbergen oder wirtschaftliche Beeinträchtigungen infolge der Lohnkosten.

Grundsätzlich hat Ihr Arbeitgeber keinen Anspruch, von Ihnen darüber informiert zu werden, an welcher Krankheit Sie leiden. Somit kann Ihr Arbeitgeber aber auch nicht abschätzen, ob Sie künftig wieder voll einsatzfähig sein werden. Sollten Sie daher an einer Krankheit leiden, die vollständig ausheilen wird, sollten Sie dies Ihrem Arbeitgeber dringend mitteilen. Dafür müssen Sie ihm nicht zwingend Ihre genaue Erkrankung benennen. Sie sollten aber Ihren behandelnden Arzt bitten, Ihnen die zu erwartende Genesung zu attestieren. Wollen Sie sich aber in einem Kündigungsschutzverfahren gegen Ihre krankheitsbedingte Kündigung wehren, müssen Sie spätestens im Prozess Rede und Antwort hinsichtlich Ihrer Erkrankung stehen. Hierfür sollten Sie bereits im Rahmen der Vorbereitung des arbeitsgerichtlichen Prozesses Ihren Arzt von seiner Schweigepflicht entbinden.

Genesung attestieren

In einer echten Zwickmühle sind Sie, wenn Sie an einer chronischen Erkrankung leiden: Wenn Sie Ihrem Arbeitgeber mitteilen, dass Sie chronisch krank sind und deshalb auch zukünftig mit kurzzeitigen, aber häufigen Arbeitsunfähigkeiten zu rechnen ist, laufen Sie Gefahr, gekündigt zu werden. Auf der anderen Seite kann ein offenes Wort mit Ihrem Arbeitgeber aber auch neue Möglichkeiten eröffnen, beispielsweise die Versetzung auf einen weniger belastenden Arbeitsplatz. Bei chronischen Krankheiten sollte immer auch die Anerkennung einer Schwerbehinderung geprüft werden. Dies hat für Sie als Arbeitnehmer den Vorteil eines weitergehenden Kündigungsschutzes und bringt auch für Ihren Arbeitgeber gewisse Vorteile, wie die Erfüllung der Schwerbehindertenquote oder finanzielle Förderung beim Umbau Ihres Arbeitsplatzes, mit sich.

Chronische Erkrankung

Folgende Faktoren können für Ihre Weiterbeschäftigung sprechen

- Ihre Erkrankung ist auf eine betriebliche Ursache zurückzuführen.
- Ihr Arbeitsverhältnis ist über einen langen Zeitraum ungestört verlaufen.
- Ihr Arbeitgeber hält eine Personalreserve für Erkrankungen bereit.
- Faktoren wie Alter, Familienstand oder Unterhaltsverpflichtungen

Verhaltensbedingt: Was haben Sie ausgefressen?

Fristlose Kündigung?

Wenn Sie Ihre Pflichten nach dem Arbeitsvertrag verletzt haben, kann Ihnen Ihr Arbeitgeber kündigen – unter Umständen sogar fristlos. Dabei sind zwei Punkte entscheidend: 1. War Ihr Verhalten tatsächlich so unmöglich, dass es Ihrem Arbeitgeber nicht mehr zumutbar ist, Sie weiter zu beschäftigen? 2. Sind Sie zuvor ordnungsgemäß abgemahnt worden? Grundsätzlich darf nur nach einer Abmahnung verhaltensbedingt gekündigt werden, damit dem Mitarbeiter die Gelegenheit gegeben wird, vor der Kündigung sein Verhalten zu ändern.

Gründe für eine verhaltensbedingte Kündigung

Diebstahl, Betrug oder Untreue zulasten des Arbeitgebers, der Kollegen oder Kunden können Grund für eine Abmahnung bzw. eine verhaltensbedingte Kündigung sein. Ebenso die sexuelle Belästigung von Kollegen, Vorgesetzten oder Kunden oder Körperverletzungsdelikte gegen Kollegen, den Arbeitgeber oder Kunden. Und natürlich darf man nicht betrunken zur Arbeit kommen. Auch die grundlose Arbeitsverweigerung kann Anlass für eine Abmahnung sein.

> **ACHTUNG**
>
> Halten Sie sich vor Kollegen oder außerhalb der Firma beim Lästern über den Arbeitgeber zurück! Sie sollten sich lieber dreimal überlegen, wem Sie erzählen wollen, was Sie wirklich von Ihrem Chef halten. Denn auch Beleidigung oder üble Nachrede können ein Grund für eine verhaltensbedingte Kündigung sein.

Das Gericht prüft Ihr Vergehen in mehreren Stufen: Ihr Verstoß gegen Ihre Arbeitspflichten muss zunächst einmal so schlimm sein, dass jeder halbwegs vernünftige Arbeitgeber Sie deshalb ebenfalls kündigen würde. Wenn dies der Fall ist, wird in einem weiteren Schritt geprüft, ob Ihrem Arbeitgeber zugemutet werden kann, die gesetzliche (ordentliche) Kündigungsfrist abzuwarten, bevor er Sie feuert. Hierbei müssen Ihre persönlichen Lebensumstände und die Dauer Ihrer Betriebszugehörigkeit berücksichtigt werden.

Gerichtliche Prüfung

> **ACHTUNG**
>
> ### Wer klaut, muss sofort gehen!
>
> Bislang war die Rechtsprechung eindeutig: Wer ein Eigentums- und Vermögensdelikt zulasten seines Arbeitgebers begangen hatte, war in jedem Fall sofort raus. Dabei war ohne Belang, ob man einen Bleistift oder einen Laptop hatte mitgehen lassen.
> Das Bundesarbeitsgericht hat hier im Sommer 2010 im Fall einer unter dem Spitznamen Emmely bekannt gewordenen Kassiererin neue Maßstäbe gesetzt:

Der bloße Vertrauensbruch der Vermögensstraftat gegen den Arbeitgeber allein kann nicht mehr als Begründung ausreichen, vielmehr sind zusätzlich die Interessen des Arbeitgebers und des Arbeitnehmers anhand der besonderen Umstände des Einzelfalles gegeneinander abzuwägen. Im Fall von Emmely war beispielsweise wegen der langen Betriebszugehörigkeit das Vertrauen durch das einmalige geringwertige Delikt – das Einlösen fremder Flaschenpfandbons im Wert von 1,30 Euro – nicht vollkommen aufgezehrt. In ihrem Fall hätte es der Arbeitgeber bei einer Abmahnung belassen müssen.

Grundsätzlich bleibt es aber dabei, dass unter bestimmten Umständen schon der einmalige Diebstahl einer auch noch so geringwertigen Sache ausreichen kann, um das Vertrauensverhältnis so zu zerstören, dass dem Arbeitgeber die Fortsetzung des Arbeitsverhältnisses nicht zumutbar ist.

Unter Verdacht: Das Vertrauen ist weg

Sie müssen übrigens nicht auf frischer Tat ertappt worden sein. Für Ihren Arbeitgeber kann die Fortsetzung des Arbeitsverhältnisses auch dann unzumutbar sein, wenn Fakten vorliegen, die auf eine schwerwiegende Vertragsverletzung schließen lassen.

Verdachtskündigung Voraussetzung für eine Verdachtskündigung ist aber, dass Ihr Arbeitgeber alles zur Aufklärung des Sachverhalts unternommen hat. Dazu gehört vor allem, dass er Ihnen Gelegenheit gegeben hat, sich zur Sache zu äußern. Hierbei muss Ihr Arbeitgeber Sie mit dem konkreten Verdacht konfrontiert und Sie auch über die Tatsachen informiert haben, die diesem Verdacht zugrunde liegen. Dabei darf er keine Details aus taktischen Gründen vor Ihnen verheimlichen. Im Anschluss muss er Ihnen die Möglichkeit geben, zu den Vorwürfen Stellung zu nehmen und diese zu entkräften.

GUT ZU WISSEN

Videoüberwachung kann gerechtfertigt sein

Genauso heftig wie über die Getränkebons diskutierte die Öffentlichkeit über die heimlichen Videoaufnahmen, mit denen die Manager einer Supermarktkette ihre Angestellten überwachten.

Grundsätzlich verletzt die versteckte Kamera die Persönlichkeitsrechte der Mitarbeiter. Die Aufnahmen sind aber dann gerechtfertigt, wenn ein konkreter Anhaltspunkt für eine Straftat vorliegt und der Arbeitgeber zuvor alle anderen Möglichkeiten zur Aufklärung des Verdachts ausgeschöpft hat.

Abmahnung: die gelbe Karte

Ob Ihnen Ihr Arbeitgeber vor dem sofortigen Rausschmiss eine Abmahnung erteilen musste, hängt von der Schwere Ihrer Missetat ab. Wenn Sie nicht damit gerechnet haben, dass Ihr Arbeitgeber Ihr Verhalten als so erheblich ansehen würde, dass er Sie dafür fristlos kündigt, muss er Ihnen durch eine Abmahnung die Chance geben, Ihr Verhalten zukünftig zu ändern.

Anders ist es, wenn Ihnen sonnenklar war, dass Sie mit einem Diebstahl, sexueller Belästigung oder einer anderen Straftat die Pfade der Tugend verlassen und Ihr Arbeitgeber keineswegs darüber begeistert sein wird. Dann brauchen Sie sich nicht zu wundern, wenn Sie sich in Nullkommanichts an der frischen Luft wiederfinden.

Schwere Verfehlung

Und wie sieht es bei leichteren Vergehen aus? Die Liste möglicher arbeitsvertraglicher Pflichtverletzungen ist lang: unentschuldigtes Fehlen, Zuspätkommen, Arbeitsverweigerung (beispielsweise wegen eigenmächtiger Urlaubsnahme), ungenügende Leistung. Aber auch die Verletzung sogenannter Neben-

Leichtere Vergehen

pflichten kann zu einer Kündigung führen: Alkohol am Arbeitsplatz, Rauchen im Rauchverbot, verspätete Abgabe des „gelben Scheins" oder Nichtbeachten der Arbeitssicherheitsvorschriften.

Wieder-
holungsgefahr

Durch diese Verhaltensweisen wird in der Regel der Betriebsablauf oder der Betriebsfrieden gestört. Auch die von der Rechtsprechung geforderte Wiederholungsgefahr liegt bei diesen Delikten nahe, es sei denn, Sie können beweisen, dass es sich um einen einmaligen Ausrutscher gehandelt hat.

Zeitnahe
Abmahnung

Wichtig ist bei diesen leichteren Fällen, dass Ihr Arbeitgeber vor der verhaltensbedingten Kündigung (mit Ausnahme der Fälle, in denen eine fristlose Kündigung gerechtfertigt ist) alle Mittel genutzt hat, mit denen er Ihr Verhalten sanktionieren kann. Dies kann im mildesten Fall ein Mitarbeitergespräch sein, in dem er Ihnen eindringlich vor Augen führt, dass er Ihr Verhalten so nicht akzeptiert. Das stärkste Mittel ist der Schuss vor den Bug: die Abmahnung. Wichtig ist, dass Ihnen die Abmahnung möglichst bald nach Ihrer Pflichtverletzung erteilt werden muss. Wie bald, hängt auch hier wieder von der Schwere Ihrer Pflichtverletzung ab. Als Faustregel können Sie von längstens einem Monat ausgehen.

GUT ZU WISSEN

Die „gelbe Karte" des Arbeitsrechts

Eine Abmahnung dient dazu, Ihnen unmissverständlich vor Augen zu führen, dass es so nicht weitergeht und Sie im Wiederholungsfall mit einem sofortigen „Platzverweis", sprich: Kündigung, rechnen müssen. Hat Ihnen Ihr Arbeitgeber bereits mehrere Abmahnungen in derselben Sache erteilt, muss er in der definitiv letzten Abmahnung die drohende Kündigung ausdrücklich hervorheben.

Die Abmahnung kann, muss aber nicht zur Personalakte genommen werden. Wenn Sie eine Gegendarstellung abgegeben haben, muss diese in die Personalakte aufgenommen werden.

Wenn Sie sich für die Dauer von zwei Jahren einwandfrei verhalten haben, können Sie von Ihrem Arbeitgeber grundsätzlich die Entfernung der alten Abmahnung aus Ihrer Personalakte verlangen.

Auch bei der verhaltensbedingten Kündigung muss eine auf Ihren konkreten Fall bezogene Interessensabwägung vorgenommen werden. Hier geht es zum einen um die Frage, ob Ihnen wegen Ihres Verhaltens *überhaupt* gekündigt werden darf, aber auch, ob die Kündigung *fristlos* erfolgen darf oder ob Ihrem Arbeitgeber zugemutet werden kann, die gesetzliche Kündigungsfrist abzuwarten. In all diesen Punkten kommt es auf das Unternehmen an: Ist der Umgangston formell oder eher locker? Wie wird es grundsätzlich mit der Pünktlichkeit gehalten? Durfte bisher am Arbeitsplatz geraucht werden oder wurde es zumindest stillschweigend geduldet? Hier spielt auch die Dauer Ihrer Betriebszugehörigkeit eine Rolle, nicht aber Ihre Unterhaltsverpflichtungen. Denn je länger Ihr Chef bereits gut mit Ihnen zusammengearbeitet hat, umso eher kann er erwarten, dass er sein altes Vertrauen in Sie zurückgewinnt.

Interessensabwägung

> **TIPP**
>
> Wenn Sie unsicher sind, ob die Gründe für Ihre Kündigung berechtigt sind: Holen Sie sich Rechtsrat! Gehen Sie zu einem mit dem Arbeitsrecht vertrauten Rechtsanwalt oder suchen Sie eine Beratungsstelle Ihrer Gewerkschaft auf. Sind Sie in einem Unternehmen beschäftigt, in dem es einen Betriebs- oder Personalrat gibt, können Sie sich auch dort beraten lassen.

Letztendlich entscheiden auch hier immer die konkreten Umstände des Einzelfalles, ob Ihr Verhalten eine fristlose Kündigung oder erst einmal nur eine Abmahnung rechtfertigt.

Zwei-Wochen-Frist

Eine verhaltensbedingte Kündigung muss immer zeitnah zu dem vorgeworfenen Verhalten erfolgen. Spätestens zwei Wochen nachdem Ihr Arbeitgeber Kenntnis von den für die Kündigung ausschlaggebenden Tatsachen erlangt hat, muss er die außerordentliche Kündigung aussprechen.

Änderungskündigung: weiter mit neuen Spielregeln

Geänderte Bedingungen

Wenn Ihr Arbeitgeber Ihnen gleichzeitig mit der Kündigung das Angebot macht, das Arbeitsverhältnis unter anderen Bedingungen fortzusetzen, handelt es sich um eine Änderungskündigung. Lehnen Sie dieses Angebot ab oder lassen Sie die Frist zur Annahme der Änderungskündigung verstreichen, dann ist Ihr

Arbeitsverhältnis wie bei einer gewöhnlichen Kündigung beendet. Daher steht auch eine Änderungskündigung unter dem Schutz des Kündigungsschutzgesetzes. Im Zweifelsfall kann es eine Option sein, die Änderungskündigung unter Vorbehalt anzunehmen und zeitgleich die Rechtmäßigkeit der Kündigung vom Arbeitsgericht prüfen zu lassen. Auch hier sollten die taktischen Fragen unbedingt mit einem Rechtsanwalt besprochen werden.

Rücksprache mit einem Rechtsanwalt

Weitere Kündigungsgründe

Besondere Arbeitsverhältnisse bringen auch besondere Kündigungsregeln mit sich:

Befristetes Arbeitsverhältnis

Wenn Sie in einem befristeten Arbeitsverhältnis stehen, endet dieses automatisch zu einem festgelegten Zeitpunkt oder mit Eintritt eines bestimmten Ereignisses, zum Beispiel der Rückkehr einer Mitarbeiterin aus der Elternzeit. Kündigen muss der Arbeitgeber in diesem Falle also nicht, um das Arbeitsverhältnis zu beenden.

Eine ordentliche Kündigung ist während der Befristung sogar grundsätzlich ausgeschlossen. Ausnahmen gelten nur, wenn das Recht zur Kündigung arbeits- oder tarifvertraglich explizit zugelassen ist oder der Arbeitgeber Insolvenz anmeldet. Außerdem können Sie aus einem wichtigen Grund fristlos gekündigt werden. Ebenfalls steht es Ihnen frei, mit Ihrem Arbeitgeber einen Aufhebungsvertrag zu schließen.

Ordentliche Kündigung ausgeschlossen

Probezeit

Innerhalb der Probezeit (die längstens sechs Monate andauern darf) kann das Arbeitsverhältnis ohne zusätzliche Vereinbarung jederzeit mit einer Frist von lediglich zwei Wochen von Arbeitgeber und Arbeitnehmer gekündigt werden. Fällt Ihr Arbeitsverhältnis in den Geltungsbereich eines Tarifvertrags, kann die Kündigungsfrist anders gestaffelt sein.

2-Wochen-Frist

Wichtig ist, dass während der höchstens sechsmonatigen Probezeit noch nicht das Kündigungsschutzgesetz gilt. Auch hier gibt es natürlich wieder eine Ausnahme: Der besondere Kündigungsschutz des Mutterschutzgesetzes greift auch schon in der Probezeit.

KAPITEL 9

Der Aufhebungsvertrag

Ebenso wie die Kündigung beendet auch der Aufhebungsvertrag das Arbeitsverhältnis mit all seinen Rechten und Pflichten.

Entscheidender Unterschied ist jedoch, dass Sie beim Aufhebungsvertrag selbst an der Beendigung Ihres Arbeitsverhältnisses beteiligt sind, während Sie der Kündigung Ihres Arbeitgebers zunächst mehr oder weniger ausgeliefert sind. Denn anders als bei der Kündigung, benötigt Ihr Arbeitgeber für den Aufhebungsvertrag Ihre Mitwirkung.

Mitwirkung des Arbeitnehmers

Warum freiwillig ein Arbeitsverhältnis beenden?

In der heutigen Zeit sind die meisten froh, überhaupt einen Job zu haben. Somit stellt sich zunächst die Frage, warum Sie also an der Beendigung Ihres Arbeitsverhältnisses mitwirken sollten. Es gibt zwei Grundkonstellationen, unter denen Aufhebungsverträge regelmäßig geschlossen werden:

• Ihr Arbeitgeber will das Arbeitsverhältnis mit Ihnen beenden, ohne dass Kündigungsgründe nach dem Kündigungsschutzgesetz vorliegen, und deshalb sicherstellen, dass Sie keine arbeitsgerichtlichen Schritte gegen Ihre Kündigung einleiten werden. Ihr Arbeitgeber möchte also einen möglicherweise langwierigen Rechtsstreit mit Ihnen von vornherein vermeiden.

Fehlender Kündigungsgrund

Rasche
Beendigung

- Sie wollen das Arbeitsverhältnis nicht weiterführen und so schnell wie möglich aus der Sache raus. Im besten Fall, weil Sie bereits ein Neuangebot haben, das Sie gerne vor Ablauf Ihrer Kündigungsfrist bei Ihrem alten Arbeitgeber annehmen würden, oder im schlechtesten Fall, weil Sie es einfach nicht mehr aushalten, auch nur einen Tag länger für Ihren Arbeitgeber zu arbeiten.

Vor- und Nachteile des Aufhebungsvertrags

Wie immer im Leben gibt es auch beim Aufhebungsvertrag Vor- und Nachteile:

Der Vorteil: Sie haben es in der Hand. Nichts geht ohne Sie. Alles, was im Aufhebungsvertrag steht, muss mit Ihnen ausgehandelt werden. Sie brauchen keine vertraglichen oder gesetzlichen Kündigungsfristen einzuhalten: Sie bestimmen, wann das Arbeitsverhältnis enden soll. Daneben können Sie auch alle Modalitäten der Abwicklung Ihres Arbeitsvertrags umfassend regeln.

Achtung!

Der Nachteil: Einmal unterschrieben, ist der Vertrag bindend und Sie kommen nur sehr schwer aus dieser Nummer wieder raus. Vor allem ist Ihnen dadurch der Weg der Kündigungsschutzklage verbaut.

Ein Aufhebungsvertrag kann außerdem sozialversicherungsrechtliche Folgen für Sie haben. Vor allem besteht die Gefahr einer Sperre von Arbeitslosengeld. Wenn Sie unter Verzicht auf die Ihnen zustehende Kündigungsfrist frühzeitig aus dem Arbeitsverhältnis ausscheiden, droht Ihnen der Verlust von Arbeitslosengeld I für einen Zeitraum von mindestens zwölf Wochen.

Daher sollten Sie einen Aufhebungsvertrag nie übereilt unterzeichnen, sondern reiflich überlegen. Nehmen Sie sich ausreichend Bedenkzeit. Diese steht Ihnen zu. Am besten lassen Sie sich von einem Anwalt beraten, ob Sie den Vertrag unterschreiben sollen oder nicht. Haben Sie das Gefühl, dass Ihr Arbeitgeber Sie zu überrumpeln oder gar über den Tisch zu ziehen versucht, teilen Sie dies Ihrem Anwalt unbedingt und so schnell wie möglich mit.

Überlegen Sie gut!

Was enthält ein Aufhebungsvertrag?

Damit ein Aufhebungsvertrag überhaupt wirksam werden kann, muss die Schriftform eingehalten werden. Das heißt konkret: Der Vertrag muss schriftlich aufgesetzt werden und Sie und Ihr Arbeitgeber müssen beide – möglichst auf zwei Originalen – eigenhändig unterschreiben.

Schriftform

Beachten Sie immer: Mit dem Abschluss des Aufhebungsvertrags entledigen Sie sich jeglichen Kündigungsschutzes. Daher gilt: Die für Sie vereinbarten Vorteile sollten die Nachteile zumindest ausgleichen oder besser überwiegen.

Daher gilt es, insbesondere bei der Abfindungshöhe und den noch ausstehenden Zahlungen, besonderes Verhandlungsgeschick zu beweisen.

Verhandlungsgeschick gefragt!

> **WICHTIG**
>
> ## Was in keinem Aufhebungsvertrag fehlen sollte
>
> - Datum, an dem das Arbeitsverhältnis enden soll
> - Klausel, aus der sich ergibt, dass die Initiative für die Beendigung des Arbeitsverhältnisses vom Arbeitgeber ausgeht
> - Auflistung aller Zahlungen, die noch ausstehen. Solche können sein: Arbeitsentgelt, Weihnachtsgeld, Provisionen, Vergütung von Überstunden, Spesen, Reisekostenvergütung
> - Offener Urlaub
> - Abfindung: Wie hoch und wann fällig?
> - Give it back I: Welche Sachgegenstände, die Ihnen Ihr Arbeitgeber im Rahmen des Arbeitsverhältnisses zur Verfügung gestellt hat, müssen Sie an Ihren Arbeitgeber herausgeben? Frist bestimmen!
> - Give it back II: Welche erhaltenen Geldleistungen müssen von Ihnen wegen des (vorzeitigen) Ausscheidens aus dem Arbeitsverhältnis zurückgezahlt werden?
> - Freistellung: ja oder nein?
> - Ausgleichsklausel
> - Eventuelle Anhänge zum Vertrag: etwa ein vorformuliertes Zeugnis oder einzelne Bewertungen

Dabei sollten Sie den Gesamtvertrag mit all seinen Regelungen im Auge behalten: Machen Sie sich ruhig eine Pro-und-Contra-Liste: Verdeutlichen Sie sich, worauf Sie verzichten. Dies ist in erster Linie der Kündigungsschutz, dann aber auch eventuell der Verzicht auf strittige Urlaubstage, Provisionen und Gratifikationen. Gleichzeitig sollten Sie berechnen, welche Rück- und Herausgabe-Verpflichtungen Sie **Angemessene Abfindung** gegenüber Ihrem Arbeitgeber eingehen. Dem sollte eine Abfindung gegenüberstehen, die all diese finanziellen Nachteile aufwiegt. Beachten Sie immer auch, wie viel Gehalt Ihnen durch eine Verkürzung der Kündigungsfrist entgeht und wie viel der Urlaub wert ist, auf den Sie verzichten. Hier gilt es mit harten Bandagen zu kämpfen, denn Ihr Arbeitgeber tut das sicher auch. Bedenken Sie immer: Mit diesem Vertrag erkauft sich Ihr Arbeitgeber die Sicherheit, dass Sie ihn nicht verklagen werden!

Wenn der Aufhebungsvertrag auf Ihre eigene Initiative zurückgeht, weil Sie schneller zu einem neuen Arbeitgeber wechseln wollen, verschlechtert das Ihre Verhandlungsposition. Aber auch dann sollten Sie sich darum bemühen, zumindest die Ihnen sicher zustehenden Ansprüche durchzusetzen.

Die Konsequenzen

In den meisten Aufhebungsverträgen sind sogenannte allgemeine Ausgleichsklauseln enthalten. In diesen steht sinngemäß, dass mit Abschluss des Aufhebungsvertrags alle gegenseitig bestehenden Rechte und Forderungen erledigt sein sollen. Sie sollten sich als Arbeitnehmer immer genau überlegen, ob Sie einen Vertrag mit solchen Klauseln unterzeichnen. Sie müssen bedenken, dass diese sehr weit auszulegen sind und es nicht darauf ankommt, ob Ihnen die Ansprüche, auf die Sie verzichten, auch tatsächlich bekannt sind. Die Rechtsprechung ist an dieser Stelle sehr streng. Es kann sein, dass von einer solchen Klausel beispielsweise Ansprüche auf betriebliche Altersvorsorge erfasst werden. Sie sollten daher genau prüfen, ob nicht noch weitere Ansprüche bestehen, die Sie sich vorbehalten sollten. Daher gilt: vor Unterschrift einer solchen Klausel unbedingt eingehend beraten lassen.

Ausgleichsklauseln

Liegt überhaupt ein Aufhebungsvertrag vor?

Alle diese Ausführungen gelten natürlich nur dann, wenn auch im juristischen Sinne ein Aufhebungsvertrag vorliegt. Denn nicht alles, was als Aufhebungsvertrag bezeichnet wird, stellt auch rechtlich einen solchen dar. Andererseits kann es sich bei einem Vertrag auch um einen Aufhebungsvertrag mit all seinen Konsequenzen handeln, selbst wenn er gar nicht als solcher überschrieben ist. In der Praxis gibt es zahlreiche Grenzfälle, die unbedingt einer anwaltlichen **Vorsicht!** Überprüfung bedürfen. Vorsicht ist daher zum Beispiel geboten, wenn Ihr Arbeitgeber Ihnen eine Abwicklungsvereinbarung überreicht. Zurückhaltung ist auch immer dann geboten, wenn Ihr Arbeitgeber sich bei der Übergabe der Kündigung von Ihnen bestätigen lassen will, dass Sie dagegen keine Klage erheben werden. Generell gilt: Unterschreiben Sie niemals unüberlegt ein Schriftstück, mit dem Sie Ihre Kündigung als richtig anerkennen und bestätigen.

Wenn Sie bereits unterschrieben haben

Wenn Sie bereits einen Aufhebungsvertrag unterschrieben haben, prüfen Sie zunächst, ob die gesetzlichen Formerfordernisse erfüllt sind. Ansonsten halten **Form-** **erfordernisse** Sie ein vollkommen wertloses Stück Papier in Händen. Wenn Ihr Aufhebungsvertrag nicht den Formerfordernissen entspricht, sollten Sie unverzüglich Ihren Arbeitgeber anrufen und mit ihm einen Termin zum Abschluss eines wirksamen Aufhebungsvertrags vereinbaren.

Wenn Sie es jetzt bereuen

Angenommen, Sie haben einen Aufhebungsvertrag unterschrieben, mit dessen Inhalt Sie zwischenzeitlich ganz und gar nicht mehr glücklich sind. Auch hier gilt zunächst, die Vereinbarung auf ihre Formwirksamkeit zu prüfen. Liegt ein Formfehler vor, haben Sie noch mal Glück gehabt. Andernfalls kann man leider in der Regel nicht mehr viel für Sie tun. Hintergrund ist die Vertragsfreiheit. Demnach steht es Ihnen und Ihrem Arbeitgeber frei, alles miteinander zu vereinbaren, wonach Ihnen der Sinn steht. Und so liegt es allein in Ihrer Verantwortung, nur das zu unterschreiben, was Sie auch wirklich wollen.

Vertrags-freiheit

Soweit die Theorie. Möglicherweise hat Ihr Arbeitgeber Sie aber überrumpelt, indem er Sie überraschend zu sich gerufen und mit dem unterschriftsreifen Aufhebungsvertrag konfrontiert hat. In der Praxis läuft das dann häufig so ab: Ihr Arbeitgeber hat Ihnen eröffnet, dass er leider nicht umhin kommt, Ihr Arbeitsverhältnis zu kündigen. Dann baut er Druck auf und weist darauf hin, wie negativ sich eine Kündigung in Ihrem Lebenslauf und damit auf Ihre gesamte weitere Karriere auswirken würde. Und dass es für alle Beteiligten doch das Beste sei, wenn alle Folgen (etwa Abfindung, Urlaubsabgeltung, Zahlung noch ausstehenden Gehalts oder Sonderprämien) im Aufhebungsvertrag geregelt werden würden.

Überrumpe-lungstaktik

Und Sie konnten in dieser Situation nicht mehr klar denken und haben keinen Gedanken an Kündigungsschutz, Sperrfristen beim Arbeitsvertrag etc. verschwendet. Und darum haben Sie dann ohne nachzudenken den Aufhebungsvertrag unterschrieben und jetzt das Gefühl, dass Ihnen Ihr Arbeitgeber den Vertrag regelrecht „aufgeschwatzt" hat.

Wenn Sie unter solchen Umständen einen Aufhebungsvertrag unterzeichnet haben, hadern Sie nicht mit sich. Schon ganz andere haben sich in einer solchen Situation hinreißen lassen, einer einvernehmlichen Aufhebung des Arbeitsverhältnisses zuzustimmen und es anschließend bitter bereut. Die Frage ist jetzt nur: Kommen Sie aus dieser Nummer wieder raus?

Kein grundloser Widerruf möglich

Ehrlich gesagt: Bei einem Zeitungsabo, das Sie an der Haustüre unterschrieben haben, geht das leichter. Ihren Aufhebungsvertrag können Sie nicht grundlos widerrufen. Sie kommen aus dem Vertrag nur dann wieder raus, wenn Sie ihn anfechten können. Doch bedenken Sie, dass es Ihre Aufgabe ist, sich über die Folgen des Aufhebungsvertrags Klarheit zu verschaffen, bevor Sie ihn unterzeichnen. Haben Sie das unterlassen, ist dies leider Ihr Problem. Ihr Arbeitgeber hat in dem Fall keine besonderen Hinweis- und Aufklärungspflichten.

Anfechtung möglich

Anders verhält sich die Sache, wenn Ihr Arbeitgeber Ihnen im betrieblichen Interesse einen Aufhebungsvertrag vorgeschlagen und bei Ihnen den Eindruck erweckt hat, er werde Ihre Interessen wahren. Bei dieser Konstellation ist Ihr Arbeitgeber verpflichtet, Sie über die Folgen einer solchen Aufhebungsvereinbarung aufzuklären. Unter diesen besonderen Umständen können Sie ausnahmsweise den Aufhebungsvertrag anfechten. Dasselbe gilt, wenn Ihr Arbeitgeber Sie bewusst über die rechtlichen und tatsächlichen Folgen eines Aufhebungsvertrags getäuscht hat.

Selbst wenn Ihnen Ihr Arbeitgeber eine Kündigung angedroht hat, können Sie nicht automatisch Ihren Aufhebungsvertrag wegen Drohung anfechten. Denn es ist ja gerade das Ziel eines Aufhebungsvertrags, eine Beendigung des Arbeitsverhältnisses ohne Kündigung zu ermöglichen.

Leere Drohungen? Sofort zum Anwalt!

Anders sieht es aus, wenn Ihnen Ihr Arbeitgeber mit einer fristlosen Kündigung gedroht hat, obwohl die Voraussetzungen hierfür nicht im Entferntesten vorgelegen haben. Wenn Sie sich in Anbetracht einer solchen Drohung gedrängt sahen, die Vereinbarung zu unterzeichnen, können Sie diese nachträglich wegen Drohung schriftlich anfechten. In diesem Fall müssen Sie sofort tätig werden und frühzeitig anwaltliche Hilfe hinzuziehen!

Nachträgliche Anfechtung

KAPITEL 10

Goldener Handschlag –
Die Abfindung

Um es gleich vorwegzunehmen: Entgegen einer weit verbreiteten Ansicht haben Sie bei einer Kündigung keinen generellen Anspruch auf Zahlung einer Abfindung!

Voraus-
setzungen

Abfindungen werden aber in den folgenden Fällen gezahlt:

• Wenn Sie und Ihr Arbeitgeber sich außergerichtlich oder im Rahmen eines Kündigungsschutzprozesses auf Zahlung einer Abfindung einigen. Im Gegenzug erkennen Sie die Wirksamkeit Ihrer Kündigung an.

• Wenn Ihr Arbeitgeber Ihnen betriebsbedingt kündigt und Ihnen eine Abfindung zahlt, damit Sie im Gegenzug keine Kündigungsschutzklage erheben (§ 1a KSchG)

• Wenn Ihnen eine Abfindung nach Tarifvertrag oder Sozialplan zusteht, etwa wenn es in Ihrem Unternehmen zu Massenentlassungen kommt.

Die Vereinbarung über eine Abfindung

Es steht Ihnen und Ihrem Arbeitgeber frei, im Zusammenhang mit einer Kündigung eine Abfindungsvereinbarung abzuschließen. Meist müssen Sie jedoch im Gegenzug erklären, auf eine Kündigungsschutzklage zu verzichten.

ACHTUNG

Vorsicht, Sperre!

Vorsicht bei Aufhebungsverträgen im Zusammenhang mit einer Abfindung. Mit dem Abschluss eines Aufhebungsvertrags riskieren Sie eine mindestens zwölfwöchige Sperre des Arbeitslosengeldes. Dies gilt auch in den Fällen, in denen aus dem Aufhebungsvertrag hervorgeht, dass durch diesen eine betriebsbedingte Kündigung vermieden werden soll. Daher sollten Sie immer darauf achten, dass Ihnen Ihr Arbeitgeber zuvor eine betriebsbedingte Kündigung ausspricht und Sie dann das weitere Procedere in einer Abfindungserklärung oder einem Abwicklungsvertrag regeln. Entscheidend ist, dass deutlich wird, dass Sie nicht an der Auflösung des Arbeitsverhältnisses beteiligt waren, sondern diese allein von Ihrem Arbeitgeber ausging.

Wie viel steht Ihnen zu?

Ob und in welcher Höhe Ihr Arbeitgeber Ihnen eine Abfindung zugesteht, liegt nicht zuletzt an Ihrem Verhandlungsgeschick.

GUT ZU WISSEN

In der Praxis gilt als **Faustregel**:
Pro Beschäftigungsjahr ein halbes Bruttomonatsgehalt. Nicht vollendete Beschäftigungsjahre werden ab einem Zeitraum von sechs Monaten als volles Jahr gewertet.

Beispiel:

Sie waren bei einem Bruttomonatsgehalt von 4.000 Euro zwölf Jahre beschäftigt. Ihre Abfindung sollte sich in diesem Fall also an einer Höhe von 24.000 Euro orientieren. Bei Verhandlungsgeschick ist aber durchaus mehr drin.

Vorsicht auch bei allzu hohen Abfindungen: Auch in diesem Fall droht eine Sperrfrist und sogar möglicherweise Anrechnung der Abfindung auf das Arbeitslosengeld. Daher sollte auch hier anwaltlicher Rat eingeholt werden.

Sonderfall: die betriebsbedingte Kündigung

Bei einer betriebsbedingten Kündigung kann Ihnen Ihr Arbeitgeber eine Abfindung anbieten. Dieses Angebot verbindet er dann mit der Forderung an Sie, auf eine Klage gegen die Kündigung zu verzichten. Will er das so machen, muss er es genau so im Kündigungsschreiben formulieren.

Konsequenz: Klagsverzicht

Sie haben nun die Wahl: Entweder Sie lassen die Frist zur Erhebung der Kündigungsschutzklage verstreichen und verlangen dann die gesetzlich vorgesehene Abfindung oder Sie erheben Klage, in der Hoffnung auf Weiterbeschäftigung oder auf eine höhere Abfindung. Der entscheidende Vorteil ist, dass Ihnen trotz Abfindung keine Sperrfrist beim Arbeitsamt droht.

Abfindung nach Tarifvertrag oder Sozialplan

Einige Tarifverträge regeln die Zahlung von Abfindungen bei Personalabbau. Hier muss nicht mehr diskutiert und gefeilscht werden: Nach Ablauf der Kündigungsfrist muss der Arbeitgeber anstandslos zahlen.

Werden in Ihrem Unternehmen mehr als 20 Arbeitnehmer entlassen, ist Ihr Arbeitgeber verpflichtet, einen Sozialplan zu erstellen. In diesem können auch Abfindungsansprüche verbindlich geregelt werden.

Sozialplan

Wie ist das mit der Steuer?

Bei aller Freude über Ihre Abfindung: Vergessen Sie nicht, dass Sie auf diese noch Steuern zahlen müssen! Die frühere Regelung, dass Abfindungen bis zu einer Höhe von 7.200 Euro steuerfrei bleiben, wurde aufgehoben. Unter bestimmten Umständen unterliegen Abfindungszahlungen allerdings einer gemilderten Progression. Dies sollten Sie mit Ihrem Finanzamt oder Steuerberater klären. Kleiner Trost: Immerhin unterliegen Abfindungen nicht der Sozialversicherungspflicht.

Abfindungen nicht mehr steuerfrei!

KAPITEL 11

Klagen oder nicht klagen?

Wenn Sie gerichtliche Hilfe in Anspruch nehmen wollen, müssen Sie unbedingt auf die Einhaltung der gesetzlichen Frist achten. Nur wenn die Klage innerhalb von drei Wochen nach Erhalt der schriftlichen Kündigung beim Arbeitsgericht eingelangt ist, sichern Sie sich Ihre Rechte (mehr unter „Drei Wochen – Kündigungsschutzklage").

Achtung, Frist!

Mit Anwalt oder ohne?

Nun müssen Sie sich überlegen, ob Sie einen Anwalt ins Boot holen oder auf eigene Faust klagen wollen.

Eines der Ziele dieses Buches ist es, Sie über die rechtlichen Hintergründe Ihrer Kündigung zu informieren. Diese Informationen sollen Ihnen ermöglichen, Ihre Situation rechtlich einzuordnen und zu prüfen, ob es schon auf der formalen Seite Fehler gegeben hat oder die Kündigung gegen geltendes Recht verstößt und aus diesen Gründen unwirksam sein könnte.

Nachdem Sie alle Checks gemacht haben, haben Sie ein erstes Bild von den Erfolgsaussichten einer Klage. Aber sind Sie deshalb so gut wie ein spezialisierter Anwalt? Kennen Sie jetzt alle Fallstricke, die sich in Ihrem individuellen Fall ergeben können? Nein!

> **WICHTIG**
>
> Bevor Sie klagen, sollten Sie unbedingt einen mit dem Arbeitsrecht vertrauten Rechtsanwalt aufsuchen und sich von diesem individuell beraten lassen.

Bedenken Sie: Ihr Arbeitgeber wird mit Sicherheit ebenfalls einen Anwalt beauftragen! Schon aus Gründen der Waffengleichheit sollten Sie nicht ohne anwaltliche Unterstützung auftreten.

Ohne Anwalt

Wenn Sie Ihre Kündigungsschutzklage aber dennoch ohne Anwalt durchziehen wollen, können Sie entsprechende Anträge auch mithilfe der bei den Gerichten vorhandenen Rechtsantragsstellen formulieren lassen. Oder Sie schreiben Ihre Klage selbst (siehe Kapitel 13 „So schreiben Sie Ihre Kündigungsschutzklage") und gehen allein zum Gütetermin. Dort hören Sie sich an, wie der Richter die Rechtslage einschätzt. Vor allem dann, wenn Sie sich nicht von einem Anwalt vertreten lassen, wird der Richter Ihnen sehr deutlich seine Einschätzung der Erfolgsaussichten für Ihre Klage mitteilen. Wenn er Ihnen klarmacht, dass Sie keinen Blumentopf gewinnen werden, ziehen Sie Ihre Klage einfach zurück.

Hilfe bei Antrag

Der Vorteil: Sie haben immerhin versucht, sich gegen die Kündigung zu wehren, und zwar ohne dass Ihnen dabei Kosten entstanden sind. Sie müssen sich dann später nicht vorwerfen, dass Sie sich vielleicht doch gegen Ihre Kündigung hätten wehren sollen.

Mit Anwalt

Wenn Sie einen Anwalt beauftragen, ist das für Sie in jedem Fall mit Kosten verbunden. Diese Kosten können sich für Sie aber als gute Investition entpuppen. Denn ein Rechtsanwalt wird nicht nur Ihre Kündigung unter die Lupe nehmen und die bestmögliche Abfindungssumme aushandeln, sondern das gesamte Arbeitsverhältnis auf weitere Ansprüche gegen Ihren Arbeitgeber überprüfen. Das beginnt bei der Einforderung noch ausstehenden Gehalts, etwaiger Prämien, Urlaubsansprüche und so weiter. Außerdem kann ein Anwalt prüfen, ob Ihr Arbeitszeugnis den Anforderungen entspricht.

Honorar gut investiert

Nehmen Sie Ihre ausgefüllte „Checkliste Kündigungsschutzklage" (siehe Seite 47) zu Ihrem ersten Termin mit. Denn: Ihr Anwalt ist immer nur so schlau, wie Sie ihn machen. Das heißt: Sie müssen mitdenken, Fakten sammeln und alles, was Ihnen relevant erscheint, weitergeben. Außerdem ist absolute Ehrlichkeit wichtig: Wenn Sie sich etwas haben zuschulden kommen lassen, was zur Kündigung geführt hat, muss Ihr Anwalt das wissen! Wenn so etwas erst im Prozess herauskommt, verspielen Sie alle Ihre Chancen. Und es kommt heraus, darauf können Sie sich verlassen.

Ansonsten: Atmen Sie durch, Sie sind jetzt nicht mehr allein!

> **TIPP**
>
> ### So finden Sie einen guten Anwalt
>
> Es empfiehlt sich, bei der Suche nach einem Anwalt nicht den nächstbesten Feld-Wald-und-Wiesen-Anwalt zu nehmen, der Sie auch bei Verkehrsdelikten vertreten würde. Halten Sie Ausschau nach einem Fachanwalt für Arbeitsrecht. Schließlich gehen Sie bei einem Problem mit Ihren Augen auch zum Augenarzt und nicht zum Allgemeinmediziner. Der Fachanwalt hat eine Zusatzausbildung auf dem Gebiet des Arbeitsrechts und musste seine besondere Erfahrung darin durch eine Mindestanzahl an betreuten arbeitsrechtlichen Mandaten nachweisen.
>
> Grundsätzlich gilt: Mundpropaganda ist immer noch die beste. Erkundigen Sie sich deshalb bei Ihren Freunden und innerhalb der Familie, wer schon einmal gute Erfahrungen mit einem Arbeitsrechtsanwalt gemacht hat.
>
> Wenn in Ihrem Betrieb weitere Kollegen gekündigt wurden, kann es sinnvoll sein, gemeinsam einen Anwalt zu suchen. In dem Fall kann der Anwalt die gemeinsamen Rahmenbedingungen der Kündigungen gut herausarbeiten.
>
> Doch nicht alle Arbeitsrechtler vertreten Arbeitnehmer. Viele leben von Arbeitgeber-Mandaten, denn diese kommen wieder und sind zahlungskräftig.
>
> Eine Liste von Arbeitsrechtlern in großen deutschen Städten, die regelmäßig Arbeitnehmer vertreten, finden Sie unter http://www.jobguide.de/jobguide/karriere-beratung/arbeitsrechtler.html.
>
> Auch bei der Hotline des Deutschen Anwaltvereins unter http://anwaltverein.de/leistungen/anwaltauskunft finden Sie Fachanwälte für Arbeitsrecht.
>
> Achten Sie darauf, sich einen Anwalt zu suchen, der aus dem Gerichtsbezirk kommt, in dem Sie Ihre Arbeitsleistung zu erbringen haben. Dieser kennt das für Sie zuständige Gericht und weiß die einzelnen Arbeitsrichter einzuschätzen. Das ist ein Vorteil, den Sie sich nicht entgehen lassen sollten.

Welche Kosten kommen auf Sie zu?

Vermutlich spielen für die Entscheidung, ob Sie klagen wollen oder nicht, die Kosten eine große Rolle. Niemand hat Lust, in einer aussichtslosen Kündigungsschutzklage sein gutes Geld zu verbrennen.

Rechtsschutzversicherung

Kostenrisiko gering

Wenn Sie eine Rechtsschutzversicherung haben, ist das Kostenrisiko gering. Nehmen Sie in einem solchen Fall unbedingt einen Rechtsanwalt in Anspruch. Die erforderliche Deckungsanfrage können Sie selbst bei Ihrem Rechtsschutzversicherer stellen oder einen Anwalt damit beauftragen. Viele Anwälte bieten die Einholung einer Deckungsanfrage als Serviceleistung an. Wenn die Klage die nötigen Erfolgsaussichten aufweist, übernimmt der Rechtsschutzversicherer die Gesamtkosten des Verfahrens, also auch die Ihres Anwalts. Wenn Ihr Rechtsschutzversicherer die Deckungszusage mangels Erfolgsaussichten ablehnt, sollten Sie mit Ihrem Versicherer sprechen und die Gründe erfragen. Wenn Ihnen diese nachvollziehbar erscheinen, sollte Sie das eventuell von einer Klage abhalten.

Prozesskostenhilfe

Anspruch prüfen

Wenn Sie keine Rechtschutzversicherung haben, können Sie prüfen, ob Sie Anspruch auf Prozesskostenhilfe haben. Wenn dem so ist, trägt der Staat die Kosten Ihrer Kündigungsschutzklage. Prozesskostenhilfe steht Ihnen zu, wenn Ihnen von Ihrem Einkommen nach Abzug aller Lebenshaltungskosten weniger als 15 Euro monatlich übrig bleiben.

GUT ZU WISSEN

So werden die monatlichen Lebenshaltungskosten berechnet:

Nettoeinkommen (nach Abzug von Steuern und Sozialversicherung) abzüglich:

- Werbungskosten (76,67 EUR monatlich)
- einem pauschalen Freibetrag in Höhe von 395 Euro
- einem Freibetrag von 180 Euro, wenn Sie erwerbstätig sind
- einem pauschalen Freibetrag für Ehegatten oder Lebenspartner in Höhe von 395 Euro (eigenes Einkommen des Ehegatten wird angerechnet)
- 276 Euro für jedes Kind, dem Sie Unterhalt schulden (unabhängig davon, ob es bei Ihnen lebt oder nicht)
- den tatsächlichen Miet-, Neben- und Heizungskosten
- den Kosten für Krankenversicherung, Lebensversicherung und in Einzelfällen Darlehen
- besonderer Bedarf beispielsweise infolge einer Schwerbehinderung

---

Wenn Sie weder eine Rechtsschutzversicherung noch Anspruch auf Prozesskostenhilfe haben, müssen Sie für die Kosten des Verfahrens selbst aufkommen. Dabei richten sich sowohl die Gerichtskosten als auch die anwaltlichen Gebühren nach dem Streitwert des Verfahrens. Bei einer Kündigungsschutzklage beträgt der Streitweit das Dreifache Ihres monatlichen Bruttogehalts.

Streitwert

Gerichtskosten

Bekommen Sie jetzt bitte keinen Schreck. Was Sie jetzt errechnet haben, ist nur der Streitwert, nicht die Kosten. Die Gebühren bestimmen sich nur nach dem Streitwert. Wenn Sie also ein durchschnittliches monatliches Bruttogehalt von 3.400 Euro hatten, beträgt der Streitwert 10.200 Euro. Die Gerichtsgebühren betragen hier also 438 Euro. Die genaue Gebühr in Ihrem Fall können Sie anhand der folgenden Gerichtsgebührentabelle bestimmen. Anders als bei anderen gerichtlichen Verfahren üblich, müssen Sie beim Arbeitsgericht für die Erhebung der Kündigungsschutzklage keinen Gerichtskostenvorschuss zahlen. Ob überhaupt Gerichtskosten entstehen und wer diese bezahlen muss, hängt von mehreren Umständen ab.

GUT ZU WISSEN

Gerichtskosten entstehen nur, wenn ein Urteil gefällt wird.
Dabei gilt: Wer das Verfahren verliert, zahlt die Gerichtskosten, wer gewinnt, zahlt nichts. Wenn jeder ein bisschen gewinnt und ein bisschen verliert, werden die Kosten entsprechend zwischen den beiden Parteien aufgeteilt.

Streitwert bis .... EUR	2-fache Gebühr ... EUR	Streitwert bis .... EUR	2-fache Gebühr ... EUR
300	50	10.000	392
600	70	13.000	438
900	90	16.000	484
1.200	110	19.000	530
1.500	130	22.000	576
2.000	146	25.000	622
2.500	162	30.000	680
3.000	178	35.000	738
3.500	194	40.000	796
4.000	210	45.000	854
4.500	226	50.000	912
5.000	242	65.000	1.112
6.000	272	80.000	1.312
7.000	302	95.000	1.512
8.000	332	110.000	1.712
9.000	362	125.000	1.912

Wichtig für Sie: Es entstehen keine Gerichtskosten, wenn Sie die Klage im Gütetermin oder im Kammertermin vor Stellung der Anträge wieder zurücknehmen. Auch wenn Sie sich vor Gericht mit Ihrem Arbeitgeber auf einen Vergleich einigen können, fallen keine Gerichtskosten für Sie an. Sie müssen lediglich die Zustellungskosten der Klage zahlen. Diese variieren von Fall zu Fall.

Keine Gerichtskosten

Rechtsanwaltsgebühren

Die schlechte Nachricht gleich vorweg: Anders als bei den Gerichtskosten müssen Sie die Gebühren Ihres Rechtsanwalts in jedem Fall selbst bezahlen. Und zwar unabhängig davon, ob Sie das Verfahren gewinnen oder nicht. Andersherum müssen Sie aber auch dann nicht für den Anwalt Ihres Arbeitgebers aufkommen, wenn dieser den Prozess gewinnt.

Die Gebühren Ihres Anwalts richten sich genau wie die Gerichtsgebühren nach dem Streitwert. Die konkrete Höhe ergibt sich aus dem Rechtsanwaltsvergütungsgesetz. Ihr Rechtsanwalt ist im Falle einer gerichtlichen Vertretung verpflichtet, die dort verbindlich geregelten Gebühren zu erheben. Er kann Ihnen also kein Sonderangebot machen. Lediglich bei einer außergerichtlichen Beratung können die Anwälte von diesen Gebühren abweichen.

Gebühren nach Streitwert

Wenn Sie beispielsweise ein monatliches Bruttoeinkommen von 3.400 Euro hatten, beträgt die Anwaltsgebühr für Ihre Vertretung vor Gericht 1.315 Euro. Weitere Gebühren entstehen bei Vergleichsabschluss. Im Gegenzug entfallen dafür dann aber die Gerichtskosten. Die genaue Höhe richtet sich nach der Rechtsanwaltsgebührentabelle. Bei einer gerichtlichen Vertretung müssen Sie von der Gebühr ausgehen, die nebenstehender Tabelle zu entnehmen ist.

Zugegeben, das ist kein Pappenstiel. Aber das Geld ist gut investiert. Denn bei einer erfolgreichen Kündigungsschutzklage können Sie damit rechnen, dass das Gericht Ihrem Arbeitgeber zur Zahlung einer **Abfindung** Abfindung raten wird. Die Abfindung sollte pro Beschäftigungsjahr mindestens ein halbes Bruttomonatsgehalt betragen. Wenn der Richter Ihrer Klage wegen Unwirksamkeit der Kündigung stattgibt, kann die Abfindung sogar höher ausfallen.

So oder so: Sie können selbst entscheiden, ob Sie das Kostenrisiko in Kauf nehmen wollen. Wenn Sie sich aber gegen eine unrechtmäßige Kündigung wehren wollen, können Sie dies nur tun, indem Sie Kündigungsschutzklage erheben.

Gebührentabelle nach Rechtsanwaltsvergütungsgesetz incl. Kostenpauschale in Höhe von 20,00 EUR und Mehrwertsteuer in Höhe von 19%:

Streitwert bis .... EUR	Kosten für Klage und Verhandlung in Euro	Kosten bei Klage und Vergleich in mündlicher Verhandlung in Euro
300	85,54	127,93
600	153,96	211,23
900	217,18	294,53
1.200	276,68	377,83
1.500	336,18	461,13
2.000	419,48	577,75
2.500	502,78	694,37
3.000	586,08	810,99
3.500	669,38	927,61
4.000	752,68	1.044,23
4.500	835,98	1.160,85
5.000	919,28	1.277,47
6.000	1.029,35	1.431,57
7.000	1.139,43	1.585,68
8.000	1.249,50	1.739,78
9.000	1.359,58	1.893,89
10.000	1.469,65	2.047,99
13.000	1.588,65	2.214,59
16.000	1.707,65	2.381,19
19.000	1.826,65	2.547,79
22.000	1.945,65	2.714,39
25.000	2.064,65	2.880,99
30.000	2.278,85	3.180,87
35.000	2.493,05	3.480,75
40.000	2.707,25	3.780,63
45.000	2.921,45	4.080,51
50.000	3.135,65	4.380,39
65.000	3.364,72	4.701,10
80.000	3.593,80	5.021,80
95.000	3.822,88	5.342,51
110.000	4.051,95	5.615,61
125.000	4.281,03	5.983,92

KAPITEL 12

So schreiben Sie Ihre Kündigungsschutzklage

Sie wollen keinen Anwalt – aus welchen Gründen auch immer? Dann zeigen wir Ihnen an einem einfachen Beispiel, wie eine Kündigungsschutzklage aussieht:

Beispiel Nehmen wir an, Sekretärin Lisa Müller wehrt sich gegen die ordentliche, betriebsbedingte Kündigung Ihres Arbeitgebers, der Xeneka GmbH. Sie arbeitet dort seit dem 1.1.2010. Es gibt keinen Tarifvertrag und keine arbeitsvertraglichen Ausschlussfristen zu beachten. Am 24.11.2010 hat der Vorstand Dr. Huber Frau Müller in sein Büro bestellt und ihr das Kündigungsschreiben überreicht. Die Kündigung erfolgt zum 31.12.2010. Lisa Müller sieht keine Veranlassung für eine betriebsbedingte Kündigung. Innerhalb der Dreiwochenfrist reicht sie ihre Klage beim Arbeitsgericht ein.

WICHTIG

Wenn Sie spät dran sind und Ihre Klage erst am letzten Tag der Dreiwochenfrist schreiben, muss die Klage auch in diesem Fall noch an diesem letzten Tag beim Gericht eingehen. Dies erfordert, dass Sie die Klage an das zuständige Arbeitsgericht faxen oder bis 23.59 Uhr dieses Tages in den fristwahrenden Briefkasten des zuständigen Arbeitsgerichts einwerfen. Die Uhrzeit ist in diesem Fall unbedingt penibel zu beachten, denn um Punkt 0.00 Uhr schließt die Klappe und ein fristwahrender Einwurf ist nicht mehr möglich.

Arbeitsgericht Musterstadt
Anschrift   Musterstadt, 15. Dezember 2010

K L A G E

der Sekretärin Lisa Müller, Mühlenweg 3a, 12345 Musterstadt

– Klägerin –

g e g e n

die Xeneka GmbH, vertreten durch den Geschäftsführer Herrn Dr. Gerd Huber.
Gewerbegebiet 8, 12345 Musterstadt.
(Ist der Arbeitgeber eine juristische Person, muss unbedingt der gesetzliche Vertreter mit seinem vollständigen Namen aufgeführt sein.)

– Beklagte –

w e g e n :   Kündigung eines Arbeitsverhältnisses

Ich erhebe Kündigungsschutzklage gegen die Beklagte und bitte das Gericht um Anberaumung eines Termins zur Güteverhandlung.

Sollte die Güteverhandlung scheitern, werde ich im Termin **beantragen**,

festzustellen, dass das Arbeitsverhältnis zwischen den Parteien durch die Kündigung vom 24.11.2010, zugegangen am 24.11.2010, nicht aufgelöst worden ist.
(Bei einer fristlosen Kündigung sollten Sie immer auch die Feststellung der Unwirksamkeit einer gleichzeitig ausgesprochenen ordentlichen Kündigung beantragen.

Bei einer Kündigung zu einem bestimmten Datum sollte, soweit hilfsweise auch eine Kündigung zum fristgerechten Zeitpunkt ausgesprochen worden ist, auch die Feststellung der Unwirksamkeit dieser Kündigung beantragt werden.)

B e g r ü n d u n g:
(In der Begründung muss Lisa Müller genaue Angaben zu ihrem Arbeitsverhältnis und den Umständen der Kündigung machen. Im Folgenden werden daher stichwortartig die Informationen aufgeführt, die in der Klage unbedingt erwähnt werden müssen.)

1.

Mitteilung des Beschäftigungsbeginns, des durchschnittlichen monatlichen Netto-einkommens, Beschreibung der Tätigkeit beim Arbeitgeber

Beweis: Arbeitsvertrag

Mitteilung, dass der Arbeitgeber (die Beklagte) regelmäßig mehr als zehn Arbeitnehmer beschäftigt. (Wenn Kündigungsschutzklage nach dem Kündigungsschutzgesetz erhoben werden soll).
Mitteilung des Datums der Kündigung und des Zugangs der Kündigung

Beweis: Kündigungsschreiben

2.

Mitteilung, dass Kündigungsgründe, die eine Kündigung rechtfertigen würden, nicht ersichtlich sind. Gehören Sie einer besonders geschützten Personengruppe an, sollten Sie sich auf diesen besonderen Kündigungsschutz (mehr unter „Kündigungsschutz für besondere Beschäftigte") berufen. Bei Beantragung von Kündigungsschutz nach dem Kündigungsschutzgesetz (KüSchG), dass keine Kündigungsgründe (die eine betriebsbedingte, verhaltensbedingte oder personenbedingte Kündigung rechtfertigen würden) nach dem KüSchG vorliegen. Bei einer betriebsbedingten Kündigung müsste dann bestritten werden, dass die Beklagte die erforderliche Sozialauswahl ordnungsgemäß durchgeführt hat und die Beklagte aufgefordert wird, die für die Sozialauswahl erforderlichen Daten der vergleichbaren Mitarbeiter vorzulegen.
Bei Vorhandensein eines Betriebsrates: Bestreiten der ordnungsgemäßen Anhörung des Betriebsrates

3.

Nochmaliges ausdrückliches Angebot der Arbeitskraft an die Beklagte

4.

Wenn noch weitere Ansprüche gegen den Arbeitgeber bestehen, die bislang nicht erfüllt worden sind:
Ausführungen zu noch ausstehenden Ansprüchen auf Arbeitsentgelt, Urlaubsgeld, Urlaub sowie zwischenzeitliche Gehaltserhöhungen aller Art, Provisionen und Tantiemen, Gratifikationen aller Art, usw.

Bleiben Sie in Ihren Ausführungen sachlich und teilen Sie dem Gericht nur die Fakten mit, die es braucht, um die Rechtmäßigkeit Ihrer Kündigung beurteilen zu können. Unterlassen Sie in jedem Fall alles, was Ihren Arbeitgeber diskreditieren oder gar beleidigen könnte. Der Schuss könnte nämlich gewaltig nach hinten losgehen.

GUT ZU WISSEN

Bei jedem Arbeitsgericht gibt es auch eine Rechtsantragsstelle, die Ihnen bei der Formulierung der Anträge hilft!

ACHTUNG

Wenn Sie über die Feststellung der Unwirksamkeit der Kündigung hinaus weitere Anträge stellen, dann erhöhen sich hierdurch die Gerichtskosten. Dies sollten Sie in Ihrer Kalkulation berücksichtigen!

KAPITEL 13

Keine Angst vor dem Prozess

Nachdem Sie Ihre Klageschrift an das Gericht geschickt haben, müssen Sie erst einmal warten. Bis zur Einladung zum Gütetermin können ein paar Wochen vergehen.

Vielleicht stellen Sie sich diesen Tag als großen Showdown vor. Den Tag der Entscheidung, Ihre ultimative Abrechnung mit Ihrem Chef. Seien Sie nicht enttäuscht, denn in der Praxis ist es dann doch meist weniger spektakulär.

Das liegt zunächst einmal daran, dass Sie in der Regel gar nicht auf Ihren ehemaligen Arbeitgeber oder Vorgesetzten persönlich treffen werden, sondern auf einen vom Unternehmen beauftragten Anwalt. Zudem ist das arbeitsgerichtliche Verfahren nicht der Ort für persönliche Gefühle. Egal wie emotional aufgewühlt Sie sein mögen – im Prozess geht es ausschließlich um die Fakten.

Nur die Fakten zählen

Seien Sie vor dem Termin nicht zu nervös. Mit der Klageschrift ist das Wichtigste bereits erledigt. Denn in der Klageschrift wurden dem Gericht alle relevanten Fakten übermittelt und durch entsprechende Anlagen belegt. Daher brauchen Sie zum Termin eigentlich nur sich selbst mitzubringen. Sicherheitshalber sollten Sie aber eine Mappe mit allen für Ihr Arbeitsverhältnis relevanten Schriftstücken dabeihaben. Welche das sind, steht unter „Checkliste Unterlagen für den Anwalt" in Kapitel 4.

Relevante Schriftstücke

Ordnen Sie die Schriftstücke in der Mappe so, dass Sie auch in der Aufregung vor Gericht das Gesuchte sofort finden.

TIPP

„Was ziehe ich bloß an?"

Als Faustregel gilt: Tragen Sie das, was Sie auch im Job tragen würden. Damit sind Sie authentisch und fühlen sich auch wohl. Das heißt: Businesskleidung, wenn man aus dem Bereich der Banker und Geschäftsleute kommt, Alltagskleidung, wenn man Erzieherin oder Verkäuferin ist. Wichtig ist: gepflegt und sauber. Keinesfalls nachlässig oder zu sexy. Frauen sollten darauf achten, sich dezent zu schminken und nicht zu viel Schmuck zu tragen, Männer sollten unbedingt ihre Baseballkappe oder Sonnenbrille absetzen.

Machen Sie sich klar: Oberstes Ziel des Richters ist es, zwischen Ihnen und Ihrem Arbeitgeber eine einvernehmliche Lösung herbeizuführen. Daher gliedert sich das Verfahren vor dem Arbeitsgericht auch in zwei Stufen. Zunächst wird eine Güteverhandlung stattfinden. Bei diesem ersten Termin trifft sich der Richter mit Ihnen, Ihrem Anwalt (wenn Sie einen haben) und Ihrem Arbeitgeber beziehungsweise dessen rechtlichem Vertreter relativ informell, um abzutasten, ob das Verfahren durch gütliche Einigung beendet werden kann.

Ziel der Verhandlung

Der Richter wird Ihnen bei dem ersten Gütetermin mitteilen, wie er die Rechtslage einschätzt, und versuchen, etwaige Unklarheiten zu beseitigen. Im nächsten Schritt wird er Sie und Ihren Arbeitgeber befragen, ob Sie sich einen Weg der einvernehmlichen Beilegung des gerichtlichen Verfahrens vorstellen können. Daher sollten Sie sich bereits im Vorfeld überlegen, wel-

Erster Gütetermin

ches konkrete Angebot Ihnen Ihr Arbeitgeber machen müsste, um die Sache aus der Welt zu schaffen: Wie hoch müsste beispielsweise eine Abfindung sein, mit der Sie zufrieden wären? Oder welche alternative Position könnte Ihnen Ihr Arbeitgeber im Unternehmen anbieten, um Ihnen eine Weiterbeschäftigung zu ermöglichen? Klären Sie für sich, inwieweit Sie bereit wären, finanzielle oder fachliche Einbußen in Kauf zu nehmen.

GUT ZU WISSEN

„Ich will da aber nicht alleine hingehen", mag Ihnen beim Gedanken an das gerichtliche Verfahren durch den Kopf schießen.

Müssen Sie auch nicht. Da arbeitsgerichtliche Verfahren öffentlich sind, können Sie mitnehmen, wen Sie wollen. Jedoch sollte Ihre Begleitung im Zuschauerbereich Platz nehmen. Denn nur Sie sind der Kläger und gehören daher allein vor das Richterpult. Kommt Ihre Begleitung jedoch eventuell als späterer Zeuge in Betracht, weil sie etwas zu den Umständen Ihrer Kündigung aussagen kann, so sollten Sie im Vorfeld darauf achten, dass sie außerhalb des Sitzungssaales verbleibt. Denn Zeugen sollen unvoreingenommen ihre Aussage machen und daher der mündlichen Verhandlung nicht folgen.

Nutzen Sie die Güteverhandlung für sich!

Was immer Sie mit Ihrem Arbeitgeber beim Güter- **Verbindliche**
min vereinbaren, ist verbindlich. Sie kommen aus der **Vereinbarungen**
Sache nachträglich nicht mehr raus! Und vor allem:
Durch die Einigung ist das gerichtliche Verfahren beendet und kann auch nicht wieder aufgenommen werden. Überlegen Sie gut, worauf Sie sich einlassen. Es
steht Ihnen frei, das Verfahren bis zum Ende durchzu-
ziehen und den Richter entscheiden zu lassen.

Aber das heißt nicht, dass Sie sich in der Güteverhandlung nicht mit Ihrem Arbeitgeber einigen dürfen.
Nutzen Sie die Güteverhandlung für sich. Hören Sie
aufmerksam zu, wie der Richter die Rechtslage ein- **Rechtslage**
schätzt. Äußert er Zweifel an den Erfolgsaussichten
Ihrer Klage? Dann ist eine Einigung mit Ihrem Arbeitgeber eine gute Gelegenheit, noch möglichst viel
für Sie herauszuholen.

Wenn der Richter die Erfolgsaussichten Ihrer Klage
positiv einschätzt, dann sehen Sie zu, dass der Anwalt Ihres Arbeitgebers Sie jetzt nicht über den Tisch
zieht. Wenn Sie sich einvernehmlich einigen, sollte
Ihr Profit so groß wie möglich sein.

Ihr Vorteil: Sie gehen am selben Tag mit einer konkreten Zusage Ihres Arbeitgebers aus dem Gerichtssaal,
haben alles hinter sich und blicken ab sofort nur noch
nach vorne. Sie brauchen nicht noch monatelang zu
zittern, wie das Verfahren ausgehen mag. Ist das Angebot der Gegenseite allerdings schlecht, lassen Sie
der Sache besser ihren Lauf.

Wenn es mit Güte nicht geht

Wenn Sie sich in der Güteverhandlung nicht einigen können, stellt der Richter deren Scheitern fest. Der Termin ist zu Ende und alle gehen unverrichteter Dinge nach Hause.

Kammertermin

Das Gericht lädt dann zu einem erneuten Termin, dem sogenannten Kammertermin. Das besondere an diesem Termin ist, dass neben dem hauptamtlichen Arbeitsrichter jetzt auch ein Arbeitnehmervertreter und ein Arbeitgebervertreter anwesend sind und mitentscheiden werden. Arbeitnehmer- und Arbeitgebervertreter bedeutet in diesem Zusammenhang nicht, dass ein persönlicher Vertreter von Ihnen oder Ihrem Arbeitgeber anwesend sein wird. Vielmehr werden neutrale Vertreter von Interessensvertretungen dem Gericht beisitzen. In der Regel sind dies Mitglieder der Gewerkschaften oder Arbeitgeberverbände. Durch sie soll sichergestellt werden, dass bei Gericht die Interessen beider Seiten ausreichend berücksichtigt werden.

Kein Platz für Generalabrechnungen

Prüfung der Rechtmäßigkeit

Bei diesem Termin geht es dann in die Vollen. Aber Achtung: Erwarten Sie auch hier nicht, dass Sie Ihrem Arbeitgeber endlich mal im großen Stil den Marsch blasen können. Geprüft wird allein die Frage der Rechtmäßigkeit der Kündigung. Wenn Sie Ihren Frust und Ihre Enttäuschung über den ehemaligen Arbeitgeber loswerden wollen, gehen Sie zu einem Freund! Der wird Ihnen gerne die Hand halten und Ihre Gefühle nachempfinden. Vor Gericht ist die

Beschimpfung des Arbeitgebers absolut unzulässig! Durch ein solches Verhalten droht vielmehr die Gefahr, dass Sie dem Richter auf die Nerven gehen und dadurch unnötig Sympathien verspielen.

Bleiben Sie ruhig!

Mit dem Richter werden Sie und Ihr Arbeitgeber (bzw. die jeweiligen Rechtsvertreter) die rechtlichen Voraussetzungen der Kündigung diskutieren. Selbstverständlich werden hierbei auch Ereignisse aus der Vergangenheit angesprochen. Bleiben Sie sachlich, verlieren Sie nicht die Nerven und schildern Sie ruhig, wie sich die Ereignisse tatsächlich abgespielt haben.

Sachlich bleiben!

Das Gericht wird sich nach der Verhandlung zunächst zurückziehen und über das Urteil beraten. Wann das Gericht Ihnen seine Entscheidung mitteilt, ist unterschiedlich. Manchmal finden die Beratungen sofort im Anschluss an die Verhandlung statt. Dann können Sie die Entscheidung im Gerichtssaal abwarten. Manchmal berät das Gericht sich auch erst am Nachmittag des Verhandlungstages über alle Verfahren des Tages. Sie oder Ihr Anwalt können sich dann bei der zuständigen Geschäftsstelle nach dem Ergebnis erkundigen. Das Urteil selbst wird Ihnen per Post zugeschickt.

Urteil per Post

Nach Erhalt des Urteils haben Sie einen Monat lang Zeit, zu entscheiden, ob Sie das Urteil akzeptieren oder in die nächste Instanz gehen und beim zuständigen Landesarbeitsgericht Berufung einlegen wollen.

121

Wenn sich die *schriftliche* Urteilsbegründung über einen Zeitraum von mehreren Monaten hinzieht, sollten Sie unbedingt einen Anwalt zu Rate ziehen, um nicht zu riskieren, dass die Frist zur Berufung bereits abgelaufen ist, wenn Sie die Begründung erhalten.

In der mündlichen Verhandlung wird nämlich der Tenor – also der Urteilsspruch bezüglich der Wirksamkeit der Kündigung – bereits in das Protokoll aufgenommen. Allein die Gründe werden vom Gericht später formuliert.

> **WICHTIG**
>
> Lässt das *schriftliche* Urteil auf sich warten, so müssen Sie spätestens fünf Monate nach dem mündlichen Kammertermin, bei dem der Urteilstenor verkündet wurde, beim zuständigen Landesarbeitsgericht Berufung einlegen. Ziehen Sie daher rechtzeitig einen Anwalt zu Rate.

KAPITEL 14

„Alles Gute für die Zukunft" – Das Arbeitszeugnis

Nachdem jetzt klar ist, dass Sie und Ihr Arbeitgeber ab sofort getrennte Wege gehen, müssen Sie die letzte Hürde nehmen, bevor Sie sich endgültig Adieu sagen können: das Arbeitszeugnis.

Ihr Arbeitgeber muss Ihnen Ihr Zeugnis an Ihrem letzten Beschäftigungstag aushändigen. Sie können aber schon ab dem Zugang der Kündigung ein vorläufiges Zeugnis verlangen. Damit können Sie sich schon vor dem tatsächlichen Ende des Beschäftigungsverhältnisses mit vollständigen Bewerbungsunterlagen aus dem noch bestehenden Arbeitsverhältnis heraus bewerben.

Vorläufiges Zeugnis

Leider zeigt die Praxis, dass der Anspruch auf ein anständiges Arbeitszeugnis noch einmal Anlass für vielfältige Streitigkeiten auf den letzten Metern bietet.

Verlangen Sie ein qualifiziertes Zeugnis!

Sie können sich von Ihrem Arbeitgeber ein einfaches oder ein qualifiziertes Zeugnis ausstellen lassen.

Das einfache Zeugnis bescheinigt Ihnen lediglich, dass Sie bei Ihrem Arbeitgeber tätig waren. Es enthält Ihr Ein- und Austrittsdatum, Ihre Berufsbezeichnung und beschreibt die Tätigkeit, die Sie im Unternehmen

Einfaches Zeugnis

ausgeübt haben. Es sagt nichts über Ihre Leistungen aus und beschreibt auch nicht Ihren betrieblichen Werdegang. Damit hat ein einfaches Zeugnis für Ihre künftigen Bewerbungen keinerlei Wert. Verlangen Sie daher immer ein qualifiziertes Zeugnis.

Sollen Sie das Zeugnis selbst schreiben?

Wenn Ihr Arbeitgeber Sie auffordert, Ihr Zeugnis selbst zu schreiben, seien Sie nicht eingeschnappt, weil er sich nicht selbst die Mühe macht. Nutzen Sie die Chance! So haben Sie freie Hand, Ihr Zeugnis so zu gestalten, dass es für Sie optimal ist. Wenn Ihr Arbeitgeber das Zeugnis selbst erstellt, haben Sie keinen Einfluss auf dessen Inhalt. Natürlich ist Ihr Arbeitgeber nicht verpflichtet, alle von Ihnen vorgeschlagenen Formulierungen beizubehalten. Die Wahrscheinlichkeit, dass in dem Zeugnis ausgeführt wird, was Ihnen wichtig ist, ist jedoch viel größer, wenn Sie es selbst schreiben.

Nutzen Sie die Chance!

Doch Achtung! Etliche Arbeitnehmer machen den Fehler, in ihrem selbst verfassten Zeugnis ein Loblied auf sich zu singen, das unglaubwürdig wirkt und in dem die Rechtfertigungen sichtbar werden, die sie gegen Anwürfe vorbringen wollen, die sie als ungerechtfertigt empfinden. Wenn Sie die Chance bekommen, Ihr Zeugnis selbst zu schreiben, dann schießen Sie sich kein Eigentor, sondern lassen Sie einen neutralen Dritten darüberlesen, der mit Zeugnissen Erfahrung hat, und bitten Sie um ein ungeschminktes Feedback. Wichtig ist, dass alles darin steht, was hinein gehört, und die Beurteilung positiv ausfällt, aber nicht völlig übertrieben wirkt.

Nicht übertreiben!

ACHTUNG

Manche Betriebe verwenden bestimmte Formulierungen – eine sogenannte „Betriebssprache". Schreiben Sie Ihr Zeugnis selbst, werden diese Floskeln hier wohl nicht auftauchen. Dies ist dann ein Nachteil, wenn dem neuen Arbeitgeber die Betriebssprache des Altarbeitgebers bekannt ist und ihm sofort auffällt, dass es sich nicht um ein Zeugnis handelt, das der Altarbeitgeber selbst geschrieben hat. Erkundigen Sie sich beim Betriebsrat oder anderen Gekündigten, ob hier besondere Formulierungen verwendet werden, die unbedingt auch in Ihrem Zeugnis auftauchen sollten.

Was muss ein Arbeitszeugnis enthalten?

Ihr Zeugnis muss alle wesentlichen Fakten enthalten, die ein zukünftiger Arbeitgeber braucht, um Ihre Eignung für sein Unternehmen zu bewerten. In einem qualifizierten Zeugnis muss Ihr Arbeitgeber daher Ihre Tätigkeit im Unternehmen umfassend beschreiben und beurteilen.

CHECKLISTE

Das muss unbedingt enthalten sein:

- Ihre Personalien
- Eintritts- und Austrittsdatum
- Ihr persönlicher Werdegang im Unternehmen
- Die Beschreibung Ihrer Arbeits- und Aufgabenbereiche:
  Wichtig ist, dass Ihr Arbeitgeber Ihren Arbeits- und Tätigkeitsbereich so genau wie möglich beschreibt. Dies darf er auch in Stichworten tun. Wenn sich Ihr Aufgabenbereich während Ihrer Beschäftigung verändert hat, insbesondere wenn Ihr Verantwortungsbereich gewachsen ist, sollte das dargelegt werden.
- Die Beurteilung Ihrer Leistung, Ihrer Weiterbildungsinitiative, Ihres Sozialverhaltens, Ihrer Führungsfähigkeit, Ihrer Vertrauenswürdigkeit

Das kann, muss aber nicht darin stehen:

- Gründe für die Beendigung des Arbeitsverhältnisses:
  Den Grund für Ihr Ausscheiden aus dem Unternehmen darf Ihr Arbeitgeber nur mit Ihrem Einverständnis ins Zeugnis aufnehmen. Dies gilt auch für die Formulierung „Das Arbeitsverhältnis endet in beiderseitigem Einvernehmen". Keinesfalls darf Ihr Arbeitgeber eine fristlose Kündigung im Zeugnis vermerken. Zulässig ist jedoch, wenn er das genaue Datum Ihres Ausscheidens mitteilt. Wenn ein anderes Datum vermerkt ist als Monatsmitte oder Monatsende, wird jeder erfahrene Zeugnisleser daraus schließen, dass der Beendigung des Arbeitsverhältnisses eine fristlose Kündigung zugrunde liegt.
- Eine Abschlussformel, in der Ihnen der Arbeitgeber für Ihre Mitarbeit dankt und Ihnen alles Gute für die Zukunft wünscht, ist freiwillig. Fehlt sie jedoch, wird Ihr nächster potenzieller Arbeitgeber ins Grübeln kommen. Deshalb sollten Sie darauf drängen, dass Ihr Zeugnis entsprechend endet.

Die Form: Ein Zeugnis muss was hermachen

Ebenso wie bei der Kündigung gibt es auch beim Zeugnis wichtige Formerfordernisse, die eingehalten werden müssen.

Eigenhändige Unterschrift

Ihr Zeugnis muss eigenhändig unterschrieben sein. Hier gilt hinsichtlich Unterschrift und Vertretung dasselbe wie bei der Kündigung. Achten Sie dabei besonders auf die Unterschrift! Vergleichen Sie hierzu die Unterschrift mit anderen Unterschriften des Arbeitgebers, zum Beispiel mit seiner Unterschrift auf dem Arbeitsvertrag. Weicht diese erheblich von der üblichen Unterschrift ab, so ist dies zu bemängeln.

Verlangen Sie, dass Ihr Zeugnis auf repräsentativem Firmenbriefpapier ausgedruckt wird. Überprüfen Sie das Zeugnis auf Rechtschreibfehler, sprachliche Ungenauigkeiten, Kaffeetassenränder und Eselsohren. Schlagen Sie selbst bei einem vermeintlich unwichtigen Kommafehler Protest. Achten Sie darauf, dass eventuelle Korrekturen nicht auf dem Zeugnis – womöglich gar mit TippEx – vorgenommen werden, sondern ein neues Original erstellt wird. Und wenn es wieder nicht perfekt ist, meckern Sie erneut.

Äußere Form

Die Bewertung: Eine „Drei" muss es mindestens sein

Während Ihr Arbeitgeber bei der Beschreibung Ihres Aufgabenbereichs an Vorgaben gebunden ist, hat er bei der Beurteilung Ihrer Leistungen mehr Spielraum. Er kann frei entscheiden, welche Ihrer positiven oder negativen Eigenschaften er besonders hervorheben möchte. Dabei muss er Sie mit einem Durchschnittsarbeitnehmer vergleichen. Solange Sie für Ihren Arbeitgeber tätig waren, mussten Sie eine befriedigende Leistung erbringen. Solange Sie also die Note drei bekommen, ist Ihr Arbeitgeber erst einmal auf der sicheren Seite.

Beurteilung Ihrer Leistung

Wenn Ihr Arbeitgeber Sie schlechter als mit Note drei beurteilen will, so muss er Tatsachen anführen, aus denen er seine Beurteilung ableitet. Im Gegensatz dazu müssen Sie die Beispiele liefern, wenn Sie eine Drei bekommen haben, aber glauben, eine bessere Note verdient zu haben.

Belege für Beurteilung

Zeugnissprache: der Code für Kenner

Ein Zeugnis, das sich zunächst ganz unverdächtig anhört, verrät Eingeweihten eine ganze Menge über die beurteilte Person. Sie können davon ausgehen: Jedes Wort, das im Zeugnis steht, hat eine Bedeutung – zumindest dann, wenn Ihr Zeugnis von einem Profi geschrieben wurde. Deshalb sollten Sie jede Formulierung sorgfältig überprüfen.

Folgende Noten verbergen sich hinter den Formulierungen:

Note 1:	„Seine Leistungen haben in jeder Hinsicht immer unsere vollste Anerkennung gefunden..." „...erledigte zugeteilte Aufgaben stets zu unserer vollsten Zufriedenheit."
Note 2:	„Wir waren mit ihren Leistungen immer sehr zufrieden." „...erledigte die zugeteilten Aufgaben stets zur vollen Zufriedenheit."
Note 3:	„Sie hat unseren Erwartungen in jeder Hinsicht entsprochen." „...erledigte die zugeteilten Aufgaben stets zu unserer Zufriedenheit."
Note 4:	„...erledigte die ihm übertragenen Aufgaben zu unserer Zufriedenheit." „...entsprach unseren Erwartungen." „...erledigte die zugeteilten Aufgaben zu unserer Zufriedenheit."
Note 5:	„...entsprach im Allgemeinen den Anforderungen." „...hat die Aufgaben im Großen und Ganzen zu unserer Zufriedenheit erledigt." „...bemühte sich im Allgemeinen, den Anforderungen zu entsprechen."
Note 6 :	„Er hat nach Kräften versucht, die Leistungen zu erbringen, die wir an diesem Arbeitsplatz fordern müssen." „Er zeigte für seine Arbeit Verständnis und Interesse." „...versuchte...", „...bemühte sich...", „...war bestrebt..."

Doppeldeutige Formulierungen

Ganz wichtig ist, dass Sie Ihr Zeugnis auf doppeldeutige Formulierungen untersuchen. Nehmen Sie solche Seitenhiebe Ihres Arbeitgebers nicht einfach hin. Hier ein paar weitere Formulierungen und ihre Bedeutung, damit Sie ein Gefühl dafür entwickeln, was sich hinter den scheinbar harmlosen Floskeln verbirgt:

… hat sich im Rahmen seiner Fähigkeiten eingesetzt.	… hat getan, was er konnte, was nicht viel war.
… verstand es, die Aufgaben mit Erfolg zu delegieren und setzte sich für die Förderung der Mitarbeiter ein.	… hat kaum selbst gearbeitet; Kritik durch Mitarbeiter hat er mit Gehaltserhöhungen unterbunden.
Sie verfügt über Fachwissen und zeigt ein gesundes Selbstvertrauen.	Sie verfügt über geringes Fachwissen, was sie mit Überheblichkeit zu überspielen versucht.
Er widmete sich allen Aufgaben mit Begeisterung.	… konnte aber keine Erfolge erzielen
… erledigte alle Arbeiten mit großem Fleiß und Interesse.	… eifrig, aber erfolglos

Vorsichtig sollten Sie auch sein, wenn Sie auf folgende Formulierungen stoßen: **Achtung!**

„wurde mit … beauftragt", „wurde von ihr verlangt", „wurde ihm übergeben". Solche Umschreibungen verraten dem kundigen Leser, dass Sie nur nach Anweisung gearbeitet und wenig Eigeninitiative gezeigt haben.

Auch die Verwendung von Begriffen wie: „anfangs", „später nicht mehr", „im Großen und Ganzen", „insgesamt" usw. lassen auf unterdurchschnittliche Leistungen schließen.

Heikle Formulierungen

Vorsicht auch bei der Formulierung „ohne Tadel", die beinhaltet, dass auch kein Anlass zum Lob bestand. Floskeln wie „er trug zur Verbesserung des Betriebsklimas bei", „sie bewies stets Einfühlungsvermögen für die Belange der Belegschaft", „kam sehr gut mit den Kollegen aus" oder „war gesellig" lassen darauf schließen, dass der Mitarbeiter sich mehr für Schwätzchen oder gar Tratsch interessierte als für die Arbeit.

Wo nichts steht, steht viel dahinter

„Beredtes Schweigen"

Eine Möglichkeit, wie sich Ihr Arbeitgeber um eine negative Bewertung drücken kann, ist das „beredte Schweigen". Frei nach dem Motto: Wenn ich nichts Gutes sagen kann, sage ich gar nichts. Daher sollten Sie das Zeugnis unbedingt auf Lücken in der Beurteilung untersuchen. Dies gilt sowohl bei der Beschreibung Ihres Tätigkeitsbereichs als auch bei der Beurteilung Ihres Verhaltens gegenüber Kollegen, Vorgesetzten oder Kunden. Werden beispielsweise Ihre Vorgesetzten nicht aufgeführt, so muss ein geübter Zeugnisleser darauf schließen, dass Ihr Verhalten ihnen gegenüber negativ war.

Das geht gar nicht

Tabus

Keinesfalls darf sich Ihr Arbeitgeber über Ihr Privatleben oder Tatsachen auslassen, die für Ihre dienstliche Tätigkeit ohne Belang sind. Hierzu gehören: Betriebsratstätigkeit, Gewerkschaftszugehörigkeit, Schwangerschaft, Schwerbehinderung, Gesundheitszustand, Straftaten oder Verdacht auf eine Straftat, soweit Ihr Arbeitsverhältnis davon nicht betroffen war.

KAPITEL 15

Welche rechtlichen Folgen hat die Kündigung?

Eine Kündigung oder ein Aufhebungsvertrag beenden alle Rechte und Pflichten aus dem bisherigen Arbeitsverhältnis. Nach Ablauf der Kündigungsfrist müssen Sie nicht mehr zur Arbeit gehen und Ihr Arbeitgeber muss Ihnen kein Gehalt mehr zahlen.

ACHTUNG

Verfallsklauseln

Viele Ansprüche aus dem ehemaligen Arbeitsverhältnis verfallen, wenn Sie nicht rechtzeitig geltend gemacht werden. Häufig sind in Arbeitsverträgen/Betriebsvereinbarungen/Tarifverträgen oder im Gesetz konkrete Fristen festgelegt, innerhalb derer die Ansprüche geltend gemacht – und eventuell in einer zweiten Stufe gerichtlich eingeklagt – werden müssen, damit sie nicht verfallen. Halten Sie diese Fristen nicht ein, ist Ihr Geld dahin!

Achten Sie also darauf, dass alle Ihnen noch zustehenden Ansprüche abgegolten werden (siehe Checkliste Seite 132).

CHECKLISTE

Ihre Ansprüche: Verschenken Sie nichts!

- Haben Sie noch Anspruch auf **ausstehendes Gehalt** aus dem aktuellen Monat oder Vormonat?

- Haben Sie noch offene **Reisekosten- oder Spesenansprüche?**

- Steht Ihnen noch **Urlaub** zu? Hier hat Ihr Arbeitgeber zwei Möglichkeiten: Er kann Ihnen den Urlaub zum Ende des Arbeitsverhältnisses gewähren oder, wenn dies aus betrieblichen Gründen nicht möglich ist, ihn ausbezahlen.

- Problematisch ist das Thema **Prämien und Incentives**. Hierbei handelt es sich um Geldbeträge, Reisen und andere Leistungen, mit denen Unternehmen ihre Angestellten motivieren oder für bereits erbrachte Leistungen belohnen. Handelt es sich um leistungsbelohnende Sonderzahlungen, haben Sie einen Anspruch darauf, diese anteilig für die Monate des laufenden Jahres ausgezahlt zu bekommen. Dabei werden halbe Monate auf volle Monate aufgerundet. Eine Sonderprämie für bereits erbrachte Leistung wird Ihnen beim Ausscheiden eher zugestanden als eine Prämie, die gezahlt wird, um Ihnen einen Anreiz für das nächste Arbeitsjahr zu geben. Solche Zahlungen müssen unter Umständen sogar zurückgezahlt werden, wenn das Arbeitsverhältnis kurze Zeit später endet – denn dann ist der Zweck der Zahlung (= zukünftige Bindung an den Betrieb) nicht erfüllt. Die Abgrenzung kann im Einzelnen sehr schwierig sein. Auch hier sollten Sie einen spezialisierten Rechtsanwalt mit der Prüfung Ihrer Ansprüche beauftragen.

- **Arbeitgeberleistungen** wie die **„Vermögenswirksamen Leistungen"** oder **Beiträge zur Direktversicherung** enden ebenfalls mit der Kündigung. Hier sollten Sie sich unbedingt mit der Bank beziehungsweise dem Versicherer in Verbindung setzen, wie mit den bestehenden Verträgen weiter verfahren werden soll, beispielsweise ob Sie künftig auch den Arbeitgeberbetrag einzahlen, um weiter Anwartschaften anzusammeln.

KAPITEL 16

Karrierebremse Wettbewerbs- verbot?

Solange Ihr Arbeitsverhältnis bestand, durften Sie nicht nebenbei für die Konkurrenz arbeiten. Diese Verpflichtung endet grundsätzlich mit Beendigung des Arbeitsverhältnisses. Eigentlich gibt es für Sie jetzt kein Halten mehr. Egal, ob Sie sich selbständig machen wollen oder bei einem Wettbewerber arbeiten möchten: Sie können loslegen.

„Halt!", werden Sie jetzt rufen, wenn in Ihrem Arbeitsvertrag eine sogenannte nachvertragliche Wettbewerbsverbotsklausel steht. In solchen Klauseln wird Ihnen untersagt, für die Dauer eines bestimmten Zeitraums für ein Konkurrenzunternehmen Ihres ehemaligen Arbeitgebers tätig zu werden. Im Gegenzug verpflichtet sich Ihr Arbeitgeber, für diese Dauer eine sogenannte Karenzentschädigung zu zahlen. Diese muss für jedes Jahr mindestens die Hälfte des letzten Jahresgehalts betragen.

Wettbewerbs- verbotsklausel

Alternativ können Klauseln zum nachvertraglichen Wettbewerbsverbot auch „unverbindlich" vereinbart werden. Sie können dann wählen, ob Sie nach Beendigung des Arbeitsverhältnisses in ein Konkurrenzunternehmen einsteigen oder lieber die Karenzzahlung kassieren. Die Unverbindlichkeit muss nicht explizit vereinbart werden. Sie gilt auch dann, wenn die Höhe der Karenzzahlung weniger als 50 Prozent Ihres letzten Gehalts beträgt.

„Unverbindliche" Vereinbarung

So kommen Sie aus dieser Vereinbarung raus

Ausnahmen

In vielen Fällen haben Sie trotz wirksam vereinbarten Wettbewerbsverbots die Möglichkeit, sich davon zu lösen. Das ist beispielsweise der Fall, wenn Sie wegen vertragswidrigen Handelns Ihres Arbeitgebers gekündigt haben, etwa bei wiederholt unpünktlicher Zahlung des Gehalts, Nicht-Abführen von Sozialabgaben, Beleidigungen, Tätlichkeiten oder sexueller Belästigung.

Ein weiterer wichtiger Ausnahmefall, in dem Sie um das Wettbewerbsverbot herumkommen, gilt, wenn für Ihren Arbeitgeber kein sogenanntes schützwürdiges Interesse besteht oder Ihre Karriere hierdurch unangemessen behindert würde. Dies ist vor allem dann der Fall, wenn Sie ein eher kleines Licht im Betrieb waren – also kein herausragender Geheimnisträger – und daher kaum über Geheimwissen verfügen, das Ihrem Arbeitgeber gefährlich werden könnte.

WICHTIG

Es steht Ihnen also in vielen Fällen frei, ob Sie die Karenzzahlung in Anspruch nehmen oder lieber in Konkurrenz zu Ihrem Arbeitgeber treten wollen. Von diesem Wahlrecht müssen Sie aber unbedingt zu Beginn der Karenzzeit Gebrauch machen. Wenn Sie sich erst später entscheiden, nicht bei einem Konkurrenzunternehmen arbeiten zu wollen, können Sie die Karenzzahlungen Ihres Arbeitgebers nicht mehr einfordern. Überlegen Sie daher von Anfang an gut, wie Sie vorgehen wollen.

KAPITEL 17

Auf ins neue Leben – Die Jobsuche

Wir hoffen, dass sich Ihre Enttäuschung über Ihre Kündigung inzwischen gelegt hat und Sie nun zuversichtlich nach vorne schauen. Auch in Zeiten, in denen viele Menschen entlassen werden, gibt es offene Stellen. Sie haben eine ganze Reihe von Möglichkeiten, wie Sie bei Ihrer Suche nach dem neuem Job vorgehen können:

Viele
Möglichkeiten

Print- und Online-Stellenmarkt

Der klassische Weg bei der Jobsuche ist der Blick in die Zeitung oder in eine Online-Stellenbörse.

Zeitung

Die meisten Anzeigen finden Sie in den Stellenmärkten von „FAZ", „Die Zeit" oder in der Samstagsausgabe von regionalen Zeitungen. Sind Sie mobil und kommt ein Umzug für Sie in Frage, lohnt sich auf jeden Fall ein Blick in die Süddeutsche Zeitung, Die Welt, Frankfurter Rundschau. Wenn Sie in Ihrer Region arbeiten möchten, gehören natürlich auch die lokalen Tageszeitungen zu Ihrer Pflichtlektüre.

GUT ZU WISSEN

Gibt es für Ihre Branche Fachpublikationen, sollten Sie diese ebenfalls in Ihre Suche einbeziehen. Schauen Sie doch einmal unter www.fachzeitschriften-portal.de, ob Sie etwas Passendes finden.

Online

Ein Großteil der Jobsuche wird mittlerweile über das Internet abgewickelt. Viele Arbeitgeber inserieren inzwischen nur noch online. Stöbern Sie ausgiebig in den großen Jobbörsen, etwa bei www.fazjob.net, www.jobscout24.de, www.monster.de, www.step-stone.de, www.jobware.de. Die meisten Unternehmen haben „Career"-Seiten, auf denen Sie neben Jobangeboten und den richtigen Ansprechpartnern wertvolle Informationen über Weiterbildungsprogramme und die Unternehmenskultur finden.

„Career"-Seiten

Stellen Sie auch selbst Ihr Profil in Stellenbörsen online bzw. bringen Sie Ihren Eintrag auf der Business-Plattform Xing auf Vordermann. Für viele Recruiter ist es selbstverständlich, auf diesen Plattformen regelmäßig nach interessanten Kandidaten zu suchen.

Zeitungsanzeige

Vor allem die gedruckte Zeitungsanzeige verrät durch ihre Größe, Aufmachung und Ansprache der Bewerber eine ganze Menge über die Firmenphilosophie. Lassen Sie die Anzeige auf sich wirken: Wie präsentiert sich das Unternehmen als Arbeitgeber? Wie spricht es seine potenziellen Bewerber an? Seriös, jovial oder distanziert? „Sie haben uns gerade noch gefehlt!" – „Können wir mit Ihnen rechnen?" – „Gestalten Sie unseren Erfolg aktiv mit" – „Wir ersticken in Arbeit" usw. Wirken Ansprache und Gesamterscheinung der Anzeige sympathisch auf Sie? Können Sie sich vorstellen, in diesem Unternehmen, so wie es sich an dieser Stelle für Sie darstellt, zu arbeiten? Die kleine Bestandsaufnahme hilft Ihnen spätestens im Bewerbungsgespräch, Schein und Sein auszuloten und besser beurteilen zu können, ob dieser Arbeitgeber für Sie die richtige Wahl ist.

Wie heißt Ihr Job eigentlich?

Sind Sie Software-Entwickler, IT-Spezialistin oder Programmierer? Stellenbezeichnungen und Titel sind heutzutage nur noch wenig aussagekräftig und müssen im Kontext betrachtet werden. Allein für eine Vertriebsaufgabe gibt es mindestens ein Dutzend verschiedene Bezeichnungen. Seien Sie kreativ, wenn Sie sich auf die Suche nach passenden Jobs machen. Scannen Sie die Anzeigenseite nicht nur nach Überschriften, sondern studieren Sie auch die Stellenprofile. Suchen Sie in der Datenbank der Jobbörse nach verwandten Begriffen. So gehören zum „Vertriebsmitarbeiter" natürlich auch der „Sales Manager" oder der „Top-Verkäufer". Sie werden sehen, es gibt für Sie viel mehr geeignete Stellen, als Sie glauben.

Stellenbezeichnungen

Zeigen Sie Profil

Wenn der Arbeitgeber sich per Stellenprofil seinen Wunschkandidaten bäckt, gerät er ins Träumen. Welche Ausbildung soll der Bewerber haben, wie viel und welche Berufserfahrungen bringt er mit? Welcher Typ passt zum „Spirit" des Unternehmens? Wie muss er ticken, um sich problemlos ins Team zu integrieren oder als Führungskraft seine Mitarbeiter zu motivieren? Hier schöpft der Anzeigentexter aus dem Vollen und entwirft schnell mal den tollsten aller anzunehmenden Bewerber. Doch keine Sorge: Die Personaler wissen sehr wohl, dass sie bei ihrem Wunschkandida-

Wunschkandidaten

ten in der Praxis Abstriche machen müssen. Aber Zugeständnisse machen sie eben nur bei gewissen Anforderungen, andere wiederum sind unabdingbar. Für Sie als Bewerber ist es deshalb wichtig, Muss- und Wunschanforderungen zu unterscheiden. Das Fehlen bestimmter Anforderungen in Ihrer Vita ist nämlich nicht automatisch ein Ausschlusskriterium und sollte Sie deshalb nicht von einer Bewerbung abhalten.

Was sein muss, muss sein

Muss-Anforderungen

Die Muss-Anforderungen müssen – wie der Name schon sagt – unbedingt erfüllt sein: Haben Sie die richtige Ausbildung und die für die Stelle notwendige Berufserfahrung? An Fachkenntnissen gibt es nichts zu rütteln: Ein Arzt muss sein Examen, ein Bäcker seinen Gesellenbrief in der Tasche haben und eine Erzieherin sollte neben der entsprechenden Ausbildung auch Freude am Umgang mit Kindern haben. Muss-Anforderungen stecken hinter folgenden Formulierungen: „Sie haben ...", „Wir erwarten von Ihnen ...", „... ist Voraussetzung", „... ist unbedingt erforderlich", „... ist für Sie selbstverständlich".

Neben Fachkenntnissen gehören gelegentlich auch weichere Faktoren, wie zum Beispiel Mobilität, zu den Muss-Anforderungen. Ist in der Anzeige von „Reisetätigkeit" die Rede, macht eine Bewerbung keinen Sinn, wenn Sie von vornherein wissen, dass Sie nach der Arbeit in Ihren eigenen vier Wänden sein möchten.

Wunschkonzert der Anforderungen

Wunsch-Anforderungen sind aus Sicht des Unternehmens „nur" wünschenswert. Sollten Sie nicht hinter jeden Wunsch einen Haken setzen können, müssen Sie deshalb nicht gleich den ganzen Job abhaken.

Ein Softwareentwickler muss mit C++ und QNX etwas anfangen können und eine Bewerberin für das Management eines internationalen Unternehmens braucht zwingend verhandlungssichere Englischkenntnisse. Stehen aber die IT und Millionenpoker mit amerikanischen Investoren nicht im Mittelpunkt des Jobs, können Sie diese Defizite problemlos durch Kurse ausgleichen.

Machen Sie in Ihrem Anschreiben deutlich, dass Sie dazu gerne bereit sind, und dokumentieren Sie ausbaufähige Grundlagen. Haben Sie vielleicht etwas Vergleichbares vorzuweisen? Sie sind nicht in Englisch, dafür aber in Spanisch verhandlungssicher? Nur heraus damit. Schon machen Sie sich interessant, bringen den Arbeitgeber vielleicht auf neue Ideen, wie man Sie einsetzen könnte, und heben sich von der Konkurrenz ab. Erkennbar sind Wunsch-Anforderungen in der Ausschreibung an Formulierungen wie „Sie sollten ...", „Idealerweise bringen Sie mit ...", „Von Vorteil ist ...", „Es wäre wünschenswert ...","Keine Bedingung, aber gut wäre ..."

Gesucht wird die Eier legende Wollmilchsau

Wie, Sie sprechen nicht fünf Sprachen, sind nicht mobil wie ein Interrail-Ticket, haben nicht mehrere Jahre Berufserfahrung und sind obendrein älter als

30 Jahre? Lesen Sie trotzdem weiter. Sie sind nicht der einzige Bewerber, der sich von der Flut der scheinbar unerfüllbaren Anforderungen erschlagen fühlt.

Sie dürfen es dem Unternehmen nicht verübeln, dass es nicht irgendeinen, sondern den bestmöglichen Mitarbeiter sucht – und daher die Maximalbedingungen formuliert. Sofern Sie etwa 80 Prozent der Anforderungen erfüllen und Ihnen die Stelle zusagt, sollten Sie es auf jeden Fall probieren.

BEISPIEL

Gefordert sind fünf Jahre Berufserfahrung, Sie haben aber nur vier? Gewünscht ist eine zweite Fremdsprache, Ihr Französisch reicht aber höchstens für einen Café au lait? Gleichen Sie das fehlende Jahr Berufserfahrung durch die Schilderung erfolgreicher Projekte aus und signalisieren Sie die Bereitschaft, Ihr Sprachdefizit durch einen Französisch-Crashkurs zu beheben.
Ist jedoch auf Ihrem Diplom die Tinte noch nicht trocken oder verlangt der Job verhandlungssichere Französisch-Kenntnisse, wird Ihre Bewerbung auf diese Stelle kaum Chancen haben. Verwenden Sie Ihre Mühe lieber auf eine Stelle, die besser zu Ihrem Profil passt.

Initiativbewerbung

Werden Sie selbst aktiv und warten Sie nicht, bis die Anzeige Ihrer Träume in der Zeitung steht. Eine Initiativbewerbung hat eine ganze Menge Vorteile. Sie zeigen nicht nur Eigeninitiative, Selbstbewusstsein und Motivation, sondern können das Anschreiben unabhängig von einer Stellenanzeige formulieren. Das ist Ihre Chance, dem potenziellen Arbeitgeber klarzumachen, welchen Nutzen er aus Ihren Stärken und Ihrer Berufserfahrung ziehen kann. Die Mühe lohnt sich doppelt, da Ihre Bewerbung in diesem Fall konkurrenzlos ist und schon deshalb auf größeres Interesse stößt.

Konkurrenzlose Bewerbung

Natürlich müssen Sie sich zuvor ein wenig Mühe machen. Überlegen Sie sich gut, bei welchen Arbeitgebern Sie gerne anfangen würden und recherchieren Sie die Informationen über das Unternehmen genauso sorgfältig, als wäre eine Stelle ausgeschrieben. Fündig werden Sie natürlich auf den Internetseiten des Unternehmens oder in der Arbeitgeberdatenbank des Online-Portals www.jobguide.de. Gerade bei einer Initiativbewerbung werden Sie mit Sicherheit gefragt: „Warum haben Sie sich ausgerechnet bei uns beworben?"

Netzwerke anzapfen

Ziehen Sie sich nicht verschämt zurück, sondern erzählen Sie überall, dass Sie einen Job suchen. Je mehr Leute Bescheid wissen, desto größer ist Ihre Chance, dass irgendjemand eine Idee hat oder jemanden kennt, der wen kennt oder sogar von einer freien Stelle weiß. Kontaktieren Sie Freunde, gute und weitläufige Bekannte, die sich in Ihrer Branche auskennen. Helfen Sie dem Zufall auf die Sprünge und verwandeln Sie sich in einen Networker par excellence. Vielleicht kennen Sie sogar einen Insider Ihres anvisierten Zielunternehmens. Erzählen Sie allen, was für einen Job Sie sich vorstellen und welche Fähigkeiten Sie dafür mitbringen. Auf diese Weise tragen diese Menschen Ihre Wünsche weiter an andere. Nur keine falsche Bescheidenheit, schließlich geht es um Ihre Existenz. Sie können nur gewinnen.

Networking

Grauer Markt

Je größer Ihr Netzwerk ist, desto bessere Chancen haben Sie auf dem grauen Markt. Ein gutes Viertel aller offenen Stellen wird überhaupt nicht ausgeschrieben, sondern unter der Hand vergeben. Damit sparen sich die Personalabteilungen teure Anzeigen und bekommen zudem so manchen heißen Tipp von Mitarbeitern, die sich natürlich mit ihrer Empfehlung nicht blamieren wollen.

Headhunter

Personalberater

Wenn Sie als Fach- oder Führungskraft tätig waren, sollten Sie zu Personalberatern Kontakt aufnehmen. Die Vermittlung ist für Sie kostenlos, der Auftraggeber muss einen gewissen Prozentsatz des vereinbarten Gehalts zahlen.

Die meisten Headhunter haben sich auf bestimmte Branchen oder betriebliche Funktionen spezialisiert. Die Adressen finden Sie im Telefonbuch und im Internet. Außerdem schalten Headhunter regelmäßig Anzeigen in überregionalen Tages- und Wochenzeitungen. Sie erkennen sie an Formulierungen wie „Wir suchen im Auftrag unseres Kunden ...“

Wenn Sie diese Inserate über einen längeren Zeitraum verfolgen, stellen Sie schnell fest, wer sich auf welche Branche spezialisiert hat. Machen Sie sich eine Liste von einem Dutzend für Ihre Branche relevanten Personalvermittlungen. Starten Sie einen Rundruf und lassen Sie sich jeweils mit dem richtigen Ansprechpartner verbinden.

Tragen Sie Ihr Anliegen selbstsicher vor und bringen Sie Ihre Fähigkeiten auf den Punkt. Damit Sie nicht aufgeregt herumstammeln und sich womöglich in Widersprüche verwickeln, ist eine sorgfältige Vorbereitung Ihrer Selbstpräsentation unabdingbar. Am besten üben Sie vorher mit Freunden, das gibt Ihnen im Ernstfall die nötige Souveränität. Tip-Top-Bewerbungsunterlagen sind selbstverständlich. Diese sollten Sie digital und gedruckt griffbereit vor sich liegen haben. Sie werden in der Regel aufgefordert, Ihren Lebenslauf zu schicken. Vereinzelt werden Sie auch zu einem persönlichen Termin eingeladen. Nehmen Sie diesen sehr ernst, schließlich ist er quasi die Vorinstanz zum Vorstellungsgespräch – und je besser der Eindruck ist, den Sie hinterlassen, desto mehr wird sich der Headhunter für Sie ins Zeug legen.

Professionelle Selbstpräsentation

Schon mal an Selbständigkeit gedacht?

Haben Sie schon einmal überlegt, ob eine Existenzgründung in Frage kommt? Nicht jeder ist ein Unternehmertyp: Selbstorganisation, Selbstmotivation, kein geregeltes Einkommen, Auftragsakquisition usw. sind nicht jedermanns Sache. Andere wiederum können sich nach dem Schritt in die Selbständigkeit kein Leben als Angestellter mehr vorstellen. Lassen Sie sich von den Gründerzentren in Ruhe beraten. Sprechen Sie mit anderen Selbständigen und fragen Sie sie nach ihren Erfahrungen.

Gründerzentren

143

GUT ZU WISSEN

Gründungszuschuss

„Das kann ich mir nicht leisten", ist erst mal kein Argument: Damit Sie Ihr Geschäft in Ruhe und ohne Existenzängste aufbauen können, unterstützt der Staat Gründer, die sich aus der Arbeitslosigkeit heraus selbständig machen, mit dem Gründungszuschuss. Dieser setzt sich zusammen aus Arbeitslosengeld I plus 300 Euro für die soziale Absicherung.

Dieses Geschenk vom Staat müssen Sie nicht versteuern. Voraussetzung ist, dass Sie mindestens einen Tag arbeitslos gemeldet sind bzw. noch mindestens 90 Tage Anspruch auf Arbeitslosengeld haben und die selbständige Tätigkeit noch nicht aufgenommen haben.

Bestandteil des Antrags ist ein Geschäftsplan (Businessplan), in dem Sie Ihre Geschäftsidee erläutern und in einem Zahlenteil deren wirtschaftliche Tragfähigkeit belegen. Unterstützung bei der Erstellung bekommen Sie zum Beispiel durch die Arbeitsagentur http://www.arbeitsagentur.de/nn_27908/zentraler-Content/A02-Berufsorientierung/A022-Infomedien/durchstarten/Existenzgruendung.html) oder private Anbieter wie http://www.gruendungszuschuss.de.

Auch wenn beim Schreiben des Geschäftsplans häufig spekuliert werden muss, bietet er eine gute Gelegenheit, sich über Marktpositionierung, Wettbewerb und viele andere Dingen sehr ernsthaft Gedanken zu machen.

Sie sehen, in der nächsten Zeit wird Ihnen bestimmt nicht langweilig. Nehmen Sie Ihr Glück in die Hand! Wir drücken Ihnen fest die Daumen und wünschen Ihnen viel Erfolg für Ihre Zukunft!

Stichwortverzeichnis

Abfindung 45, 98–101
Abmahnung 13, 83–86
Änderungskündigung
    86 f.
Anwalt 48, 102, 104 f.
Arbeitsangebot 58
Arbeitsuchend melden
    40 f.
Arbeitszeugnis 123–130
Arbeitszeugnis
    - beredtes Schweigen
      130
    - Noten 128–130
Aufhebungsvertrag
    89–97
Befristetes Arbeitsver-
    hältnis 87
Betriebsrat 16 f. 20 f. 67,
    71
Betriebssprache 125
Bewerbungsunterlagen
    19
Coach, Coaching 29–31
Diebstahl 81 f.
Direktversicherung 132
Enttäuschung 26 f.
Existenzangst/Kränkung/
    Selbstzweifel 23
Formfehler 57 f.
Freistellung 52 f.
Gerichtskosten 107–109
Grauer Markt 142

Gründungszuschuss
    144
Güteverhandlung
    119–120
Headhunter 142 f.
Incentives 132
Initiativbewerbung 140 f.
Jobsuche 135–144
Kammertermin 120
Karenzentschädigung
    133
Krankheit 78 f.
Kündigung
    - betriebsbedingte
      74–77, 100
    - Gründe 73–88
    - Gültigkeit 56–63
    - krankheitsbedingte
      78–80
    - personenbedingte 77
    - Unterschrift 56–60
    - verhaltensbedingte
      80–82
    - Zugang 60 f.
Kündigungsfristen 46 f.,
    49–52
    - Arbeitgeber 51 f.
    - Arbeitnehmer 49 f.
Kündigungsschutz
    64–72
    - allgemeiner 69 f.
    - Auszubildende 68

- besondere Beschäftigte 64 f.
- Betriebsratsmitglieder 67 f.
- Schwangerschaft, Mutterschutz, Elternzeit 64–66
- Schwerbehinderte 67
- Wehr- und Zivildienstleistende 68
Kündigungsschutzklage 42 f.,47, 102–115
- Kosten 105
- Prozess 116–122
Langzeit-Brainstorming 34–38
Lebenshaltungskosten 107
Mobbing 14–18, 20
Netzwerk 141
Prämien 132
Probezeit 88
Prozesskostenhilfe 106 f.
Rechtsanwaltsgebühren 109–111
Rechtschutzversicherung 106
Reisekosten 132
Resturlaub 53 f.
Selbständigkeit 143 f.
Sozialauswahl, Sozialplan 71, 76, 100
Sperrfrist 41
Spesen 132
Stellenbörsen 18 f.
Stellenanzeige, Muss- und Kann-Anforderungen 138 f.
Stellenmarkt 135–137
Stress 26–29
Tarifvertrag 51 f., 88, 100
Urlaub 52–54
Verdachtskündigung 82 f.
Verfallsklauseln 131
Vermögenswirksame Leistungen 132
Wettbewerbsverbotsklausel 133

Weitere Titel

• Astrid Congiu-Wehle/Agnes Fischl
Der Ehevertrag
Wie Sie Vorsorge für Ehe, Trennung und Scheidung treffen
ISBN 978-3-7093-0304-7
2010, 160 Seiten
EUR 9,90 (D)/EUR 10,20 (A)

• Joachim Mohr/Frank Lechner
Alleinerziehend – das sind Ihre Rechte
ISBN 978-3-7093-0259-0
2010, 160 Seiten
EUR 9,90 (D)/EUR 10,20 (A)

• Gordian Philipps/Susanne Lebek
Erfolgreich durchs Assessment-Center
ISBN 978-3-7093-0321-4
2010, 184 Seiten
EUR 14,90 (D)/EUR 15,40 (A)

• Andrea Westhoff/Justin Westhoff
Ihre Rechte als Kassenpatient
Wie Sie auch als gesetzlich Versicherter von Ärzten und Kassen bekommen,
was Ihnen zusteht
ISBN 978-3-7093-0295-8
2010, 160 Seiten
EUR 9,90 (D)/EUR 10,20 (A)

• Roland Stimpel
In 10 Schritten zum Eigenheim
Planen, kaufen, bauen: Von der Suche bis zur Finanzierung – Ihr Wegweiser
zum eigenen Haus
ISBN 978-3-7093-0288-0
2010, 160 Seiten
EUR 9,90 (D)/EUR 10,20 (A)

• Agnes Fischl/Bernhard F. Klinger/Michael Lettl
Das Testament
Konkrete Anleitungen für alle Lebensmodelle – vom Single bis zur Patchwork-Familie.
Wie Sie Streit vermeiden und Steuern sparen.
ISBN 978-3-7093-0264-4
2009, 168 Seiten
EUR 9,90 (D)/EUR 10,20 (A)

- Sven Klinger/Joachim Mohr/Wolfgang Roth/Johannes Schulte

Patientenverfügung und Vorsorgevollmacht

Was Ärzte und Bevollmächtigte für Sie in einem Notfall tun sollten. Was die Neuregelung für Sie konkret bedeutet.

ISBN 978-3-7093-0289-7

2. Auflage 2009, 156 Seiten

EUR 9,90 (D)/EUR 10,20 (A)

- Michael Schröder

Scheidung – aber fair

Sorgerecht – Unterhalt – Umgangsrecht . Es geht auch friedlich, wenn die Vernunft siegt.

ISBN 978-3-7093-0272-9

2. Auflage 2009, 176 Seiten

EUR 9,90 (D)/EUR 10,20 (A)

- Andreas Heiber

Die neue Pflegeversicherung

Der Antrag – die Pflegestufen – die Leistungen: Ihre neuen Möglichkeiten und Chancen

ISBN 978-3-7093-0237-8

2008, 192 Seiten

EUR 9,90 (D)/EUR 10,20 (A)

- Eva Schmitz-Gümbel/Karin Wistuba

Erfolgreich zum Traumjob

Coaching zur Berufswahl für Eltern und Schüler

ISBN 978-3-7093-0213-2

2008, 168 Seiten

EUR 9,90 (D)/EUR 10,20 (A)

- Astrid Congiu-Wehle/Joachim Mohr

Das neue Unterhaltsrecht

Wie viel bekomme ich? Wie viel muss ich zahlen?

ISBN 978-3-7093-0229-3

2008, 168 Seiten

EUR 9,90 (D)/EUR 10,20 (A)

- Karin Spitra/Ulf Weigelt

Ihr Recht als Arbeitnehmer

Vom Vorstellungsgespräch bis zur Kündigung – was darf der Chef?

ISBN 978-3-7093-0218-7

2008, 192 Seiten

EUR 9,90 (D)/EUR 10,20 (A)

- Wolfgang Jüngst/Matthias Nick
Arbeiten und Leben im Ausland
Auswandern oder Überwintern: alle wichtigen Informationen. Mit 10 Länderkapiteln von Schweiz bis USA.
ISBN 978-3-7093-0214-9
EUR 9,90 (D)/EUR 10,20 (A)

- Tibet Neusel/Sigrid Beyer/Kathrin Arrocha
Immobilienkauf
Haus oder Wohnung – Alles über Finanzierung, Recht und Steuern
ISBN 978-3-7093-0195-1
2008, 190 Seiten
EUR 9,90 (D)/EUR 10,20 (A)

- Andrea Erdmann/Andreas Kobschätzky
Erfolgreich bewerben
Von der systematischen Vorbereitung zum souveränen Bewerbungsgespräch und fairen Arbeitsvertrag
ISBN 978-3-7093-0187-6
2008, 176 Seiten
EUR 9,90 (D)/EUR 10,20 (A)

- Hans-Herbert Holzamer
Optimales Wohnen und Leben im Alter
Alle Wohnformen im Überblick – alle staatlichen Förderungen – Checklisten und Adressen
ISBN 978-3-7093-0196-8
2008, 176 Seiten
EUR 9,90 (D)/EUR 10,20 (A)

- Ralph Jürgen Bährle/Susanne Hartmann
Nebenjobs
Minijobs und die 400-Euro-Regel – Ein Wegweiser zum sicheren Zusatzverdienst
ISBN 978-3-7093-0139-5
2007, 160 Seiten
EUR 9,90 (D)/EUR 10,20 (A)

- Armin Abele/ Bernhard Klinger/ Thomas Maulbetsch/ Joachim Müller
Partnerschaft ohne Trauschein
Alle wichtigen Rechtsfragen
ISBN 978-3-7093-0096-1
2007, 184 Seiten
EUR 9,90 (D)/EUR 10,20 (A)

- Frank Donovitz/Joachim Reuter/Lorenz Wolf-Doettinchem

Das 1x1 der Altersvorsorge

In sechs Schritten zu mehr Wohlstand in der Rente

ISBN 978-3-7093-0150-0

2007, 152 Seiten

EUR 9,90 (D)/EUR 10,20 (A)

- Frank Donovitz/Elke Schulze

Richtig versichern

Welche Versicherung Sie jetzt brauchen und welche Sie sich sparen können.

ISBN 978-3-7093-0175-3

2007, 144 Seiten

EUR 9,90 (D)/EUR 10,20 (A)

- Ulrike Fokken

Ihre private Ökobilanz

So sparen Sie Energie und Kosten und schonen die Umwelt.

ISBN 978-3-7093-0181-4

2007, 192 Seiten

EUR 9,90 (D)/EUR 10,20 (A)

- Wolfgang Jüngst/Matthias Nick

Wenn der Nachbar nervt

Rechte und Pflichten in der Nachbarschaft

ISBN 978-3-7093-0174-6

2007, 160 Seiten

EUR 9,90 (D)/EUR 10,20 (A)

- Tibet Neusel/Kathrin Arrocha/Sigrid Beyer

Kinder, Geld und Steuern

Das neue Elterngeld – Steuern sparen für Familien – Klug vorsorgen. Viele praktische Tipps und Rechenbeispiele.

ISBN 978-3-7093-0164-7

2. Auflage 2007, 192 Seiten

EUR 9,90 (D)/EUR 10,20 (A)

- Inken Wanzek/Christine Rosenboom

Arbeitsplatz in Gefahr – Das sind Ihre Rechte

Kündigung – Beschäftigungsgesellschaft – Aufhebungsvertrag – Mobbing – Trennungsgespräche

ISBN 978-3-7093-0152-4

2007, 240 Seiten

EUR 14,90 (D)/EUR 15,40 (A)

- Tibet Neusel/Kathrin Arrocha/Sigrid Beyer

Neue Renten- und Pensionsbesteuerung

Das Alterseinkünftegesetz – Absatzmöglichkeiten – Strafverfolgung vermeiden – Erstattungsansprüche sichern

ISBN 978-3-7093-0118-0

2006, 192 Seiten

EUR 9,90 (D)/EUR 10,20 (A)

- Eva Schmitz-Gümbel/Birgit Schönberger

Mein Geld, dein Geld

Finanzratgeber für Paare

ISBN 978-3-7093-0095-4

2006, 160 Seiten

EUR 9,90 (D)/EUR 10,20 (A)

- Andreas Vogler/Gerald Reischl

Die 1000-Euro-Firma

Mit wenig Geld zum eigenen Internet-Unternehmen. Konkrete Anleitung zur Gründung und Durchführung.

ISBN 978-3-7093-0125-8

2006, 264 Seiten

EUR 14,90 (D)/EUR 15,40 (A)

- Tibet Neusel

Streiten mit dem Finanzamt

Wie Sie als juristischer Laie Ihre Rechte durchsetzen.

ISBN 978-3-7093-0032-9

2004, 208 Seiten

EUR 14,90 (D)/EUR 15,40 (A)

- Frank Donovitz/Joachim Reuter/Karin Spitra

Das 1x1 des Geldes

So bleibt Ihnen mehr vom Einkommen. Sparen – Versicherungen – Kredite – Konto – Immobilien

ISBN 978-3-7093-0038-1

2004, 144 Seiten

EUR 9,90 (D)/EUR 10,20 (A)